北京老话儿说

北京往事

冯义铭 著

北京理工大学出版社
BEIJING INSTITUTE OF TECHNOLOGY PRESS

版权专有 侵权必究

图书在版编目（CIP）数据

北京老话儿说：北京往事 / 冯义铭著． －－ 北京：
北京理工大学出版社，2025.1．
ISBN 978 － 7 － 5763 － 5013 － 5

Ⅰ．K291

中国国家版本馆 CIP 数据核字第 2025FZ6444 号

责任编辑：李慧智　　**文案编辑**：李慧智
责任校对：王雅静　　**责任印制**：李志强

出版发行 / 北京理工大学出版社有限责任公司
社　　址 / 北京市丰台区四合庄路 6 号
邮　　编 / 100070
电　　话 / （010）68944439（学术售后服务热线）
网　　址 / http://www.bitpress.com.cn

版 印 次 / 2025 年 1 月第 1 版第 1 次印刷
印　　刷 / 廊坊市印艺阁数字科技有限公司
开　　本 / 710 mm × 1000 mm　1/16
印　　张 / 15.75
字　　数 / 233 千字
定　　价 / 79.00 元

图书出现印装质量问题，请拨打售后服务热线，负责调换

写在前面的话

一位爱聊天的北京老人，讲述了很多他知道的、见过的和经历过的北京曾经发生的趣闻和往事。为了分享给更多的人，特别是更年轻的人，经过探访、查证和充实，他选择了最有历史意义、对了解北京最有帮助、有趣又生活化、曾经轰动一时而现在又很少有人记起的那些往事，创作了这本故事集，每篇一个故事、一句北京老话（或相关知识）。

聊天嘛，就是谈古论今，想起什么聊什么，想到哪儿聊到哪儿，天上一脚地下一脚。为了保持这种聊天叙事的独特风格，故事集没有刻意追求时序和内容的归类，而是随着聊天的进程，带着您在古老的北京，东瞧瞧，西看看，走到哪，都能让您想起一段往事，驱动您探寻的脚步。因此，故事集阅读起来，跌宕起伏，引人入胜，穿越古今，更有趣味。

本书中的故事书写了真实的历史，夹叙夹论，积极向上，在谈古论今中让您了解北京的起源和变迁，让您知道很多慢慢沉淀在历史长河中的人物和事件，为您解读那些旧闻往事的来龙去脉和现状，让您在北京的往事中寻找和体味北京独具特色的性格和文化。

这本故事集中包含了很多老北京话，那独特的发音和韵味，在文字中表达起来有点困难。您可以在喜马拉雅平台上，收听由火聚清凉播出的语音版《北京往事——北京老话儿说》。

目 录

1. 盐打哪咸，醋打哪酸 …………………………………… 1
2. 蓟丘和蓟草 ……………………………………………… 3
3. 消失了的大运河——永济渠 …………………………… 5
4. 歪打正着 ………………………………………………… 7
5. 您这是赶上了，请了个现成的 ………………………… 9
6. 您可真行，这么大的事，愣是没觉（jiǎo）着 ……… 11
7. 固守幽州的将军是个奴隶 ……………………………… 13
8. 震中在北京的大地震 …………………………………… 15
9. 弄假成真的"蓟门烟树" ……………………………… 17
10. 一起值得铭记的空难 …………………………………… 19
11. 北京的一环路 …………………………………………… 22
12. 国徽背面的秘密 ………………………………………… 24
13. 天安门上国徽的制作材料 ……………………………… 25
14. 挪来挪去的渔阳 ………………………………………… 27
15. 重建天安门 ……………………………………………… 29
16. 探雷器在天安门上响起 ………………………………… 31
17. 中药里发现的甲骨文 …………………………………… 32

18. 北京话和汉语通用语 ………………………………… 34
19. 北京话和普通话的区别 ……………………………… 36
20. 内九外七皇城四，九门八典一口钟 ………………… 38
21. 中山公园的石牌坊 …………………………………… 40
22. 北京城为什么是"凸"字形 …………………………… 43
23. 北京城到底有几道城墙 ……………………………… 45
24. 除夕特辑 ……………………………………………… 47
25. 北京最大的皇家苑囿 ………………………………… 49
26. 中国第一台家用洗衣机的诞生 ……………………… 51
27. 北京的中轴线 ………………………………………… 53
28. 北京的中轴线为什么是偏的 ………………………… 56
29. 为什么要重建永定门 ………………………………… 58
30. 北京中轴线的北端点——钟鼓楼 …………………… 60
31. 钟鼓楼的趣闻旧事 …………………………………… 63
32. 世界奇灾——北京大爆炸 …………………………… 65
33. 北京话怎么说人体的各部位 ………………………… 67
34. 北京的烤鸭 …………………………………………… 69
35. 容易读错的北京地名 ………………………………… 71
36. 红夷大炮和监狱 ……………………………………… 73
37. 北京的鬼市和簋街 …………………………………… 75
38. 国产越野车北京212 ………………………………… 77
39. 北京的那些古城门 …………………………………… 79
40. 你不知道的北京水关门 ……………………………… 81

41. 北京故宫大盗 ……………………………………………… 83

42. 天安门国旗升旗仪式的那些讲究 ………………………… 85

43. "可怜天下父母心"的出处 ………………………………… 87

44. 502胶水的故事 …………………………………………… 89

45. 从北京走失的北京人头盖骨 ……………………………… 91

46. 被人遗忘的国家任务 ……………………………………… 93

47. 一个逃逸的骑车人 ………………………………………… 95

48. 北京的"燕京八绝" ……………………………………… 97

49. 北京的京西稻和南苑稻 …………………………………… 99

50. 雅化过的北京地名 ………………………………………… 101

51. 一座历经沧桑的飞机场 …………………………………… 103

52. 北京的历史文献《日下旧闻考》………………………… 105

53. 北京的九坛八庙 …………………………………………… 107

54. 北京的功德林 ……………………………………………… 109

55. 中国最倒霉的太监 ………………………………………… 111

56. 和珅的保命诏书 …………………………………………… 114

57. 神秘的北京第一农具厂 …………………………………… 116

58. 毙命北京街头的日本天皇特使 …………………………… 118

59. 追查杀害李大钊的凶手 …………………………………… 120

60. 北京房山的汉白玉 ………………………………………… 122

61. 北京的卤煮火烧 …………………………………………… 124

62. 清朝末期的6只"羊" …………………………………… 126

63. 屡次潜入北京作案的"赛狸猫" ………………………… 128

64. 走上权力巅峰的袁世凯 …………………………………… 130
65. 北京的二锅头 …………………………………………… 132
66. 卢沟桥为什么会出现日本军队 ………………………… 134
67. 北京与春节的关系 ……………………………………… 136
68. 新中国的国宴 …………………………………………… 138
69. 北京通州的燃灯塔 ……………………………………… 140
70. 汉字竖写，什么时候改横写了 ………………………… 142
71. 北京历史上的国门——中华门 ………………………… 144
72. 老北京的庙会 …………………………………………… 147
73. 现代北京辖区的演变 …………………………………… 150
74. 明清时期的北京顺天府 ………………………………… 152
75. 北京的广利桥、拱北城 ………………………………… 154
76. 北京的古代考场——贡院 ……………………………… 156
77. 北京地区的古城池 ……………………………………… 158
78. 北京哪一年开始有了自来水 …………………………… 160
79. 与北京联系最紧密的郊区县 …………………………… 163
80. 潭柘寺名称的由来 ……………………………………… 165
81. 天安门前的华表 ………………………………………… 167
82. 曾经享誉京城的灯塔牌肥皂 …………………………… 169
83. 一场大火烧出的 17 000 两黄金 ………………………… 171
84. 老北京的一句俏皮话 …………………………………… 173
85. 故宫里扔出来的一堆破布 ……………………………… 175
86. 宫女组队刺杀皇帝 ……………………………………… 177

87. 炭火烤王爷	179
88. 民国元年的北京兵变	181
89. 慈禧太后藏钱	183
90. 老北京的四合院	185
91. 北京四合院大门的那些讲究	188
92. 一个最不可思议的汉奸	191
93. 北京话里的各种爷	193
94. 谁是北京最古老的城池	195
95. 北京八宝山的"归来兮"墓	197
96. 北京面积最大的区	199
97. 一位穷困潦倒的皇帝	201
98. 死而复生的北冰洋汽水	203
99. 老北京的"京八件"	205
100. 谁第一个发明了拍照喊"茄子"	208
101. 清末北京东西南北城区的特色	211
102. 被北京人偏爱的茶	213
103. 得天独厚的海淀区	215
104. 老北京的老饭庄	217
105. 公主坟埋葬的公主是谁	219
106. 北京老地名里的各种市集	221
107. 宋庆龄故居的从前	223
108. 曾经让人闻之色变的东厂胡同	225
109. 人民英雄纪念碑背后的故事	227

110. 京城的四大名校之说 …………………………………… 229

111. 才学孕育出的荒唐建议 …………………………………… 231

112. 京城的老王府 …………………………………………… 233

113. 在京城拉洋车的王爷 ……………………………………… 235

114. 北京的几块飞地 …………………………………………… 237

115. 川岛芳子和一座王爷府 …………………………………… 239

1. 盐打哪咸，醋打哪酸

扫码听音频

北京老话儿说："盐打哪咸，醋打哪酸。"这意思是说，无论什么事，总有个起源和开端。

本篇中咱们就来聊聊北京城的起源和开端。

古时候，中国东北方向的边疆地区属于幽州，包括现如今的北京、天津，以及山西、辽宁、河北、内蒙古的部分地区。由于这里有燕山山脉，所以也叫幽燕之地。毛主席词作《浪淘沙·北戴河》："大雨落幽燕，白浪滔天，秦皇岛外打鱼船。一片汪洋都不见，知向谁边？"这里就使用了"幽燕"这个名称。

公元前1046年周武王灭商后，分封天下，就在幽州这个地方，分封了两个诸侯国，封尧帝的后代于蓟，封周室宗亲召公于燕。这两个诸侯国就以蓟和燕为国名，各自挑选好地方，建设自己的都城。燕国选择在如今房山琉璃河地区建成了燕都。蓟国则选择在如今广安门这个地方建起了国都——蓟城。燕都和蓟城就成了北京乃至幽州地区最早的大城市。

到了西周末年，周王室势力衰落，诸侯国相互征伐，弱肉强食。燕国趁机吞并了蓟国，控制了整个幽州。燕国还把都城搬迁到了蓟城。所以从西周到春秋时期，北京都一直叫蓟城。到了战国时期虽然把这片地区改名为燕都，但是仍然是在原来的蓟城这个地方。算下来蓟城从建设城池开始到现在，已经有3 000多年的历史了。

3 000多年来，蓟城作为北方地区也是幽州地区的中心城市，一直都在延续和使用，只是随着政权的更替不断地扩建不断地更换着名称，曾经使用过的名称包括蓟城、燕都、涿郡、幽州、燕京、中都、大都、汗八里、北平、北京等等。

因此，古蓟城就是北京这座城市的起源和开端。

2. 蓟丘和蓟草

扫码听音频

本篇要聊的是蓟城的标志：蓟丘和蓟草。

北京老话儿说："打破砂锅璺（问）到底。"意思是说，遇到疑惑的事就不停地追问。

那么今儿我们就来追寻一下蓟城的"蓟"是什么意思。

蓟本是指一种多年生草本植物，野生于山坡、田野、路边。全草可以入药，有止血散瘀、消肿利尿的功效。它的花朵大多为紫色或玫瑰色，有着浓艳的色彩。蓟的花语是谨慎、严谨、稳重、默默的爱。

那么一种草本植物的名字怎么就成了一座城市的名字呢？

据古籍《水经注》记载：昔周武王封尧的后人于蓟，今城内西北隅有蓟丘，因丘以名邑也。这里郦道元老先生告诉我们，这座城市之所以叫蓟城，是因为城里有个小土山，小土山上长满了蓟草，开满了美丽的花朵，很是漂亮，于是就用了蓟作为这座城市的名字，称为蓟城。

那么再追问一下，既然蓟城就是现在的北京，那长满蓟草的蓟丘在哪呢？

其实它就在北京西二环外白云观的西侧。这是经过历史学家考证的。现如今50岁以上的北京人中，还有人亲眼见过它的身影，只不过没几个人知道，那座不是很高的土山就是古老的蓟丘。

70年前土山上还有树木和建筑遗迹，人们在那里发现过许多战国和秦汉时期的陶片等古代遗存物。文物工作者还在一口古井附近，发现了一个带有"蓟"字的陶罐。

1974年，在进行了一次大规模考古钻探后，这个大土丘就被慢慢铲平了。实际上古蓟丘的彻底消失，距离我们现在不过50年左右。

失去了才懂得珍惜，于是2009年，人们在一个小区平坦的道路边摆放了一块石板，上面刻写着"白云西里古蓟丘旧址"。

还有最后一个问题：古蓟丘没有了，那蓟草还有吗？有，而且它就生长在北京人的身边，不过现在的北京人称之为"刺儿菜"。

追寻这段 3 000 年前的往事，不由得让人想起了唐代诗人陈子昂的《轩辕台诗》：

> 北登蓟丘望，求古轩辕台。
> 应龙已不见，牧马生黄埃。
> 尚想广成子，遗迹白云隈（wēi）。

可见唐朝诗人陈子昂和我们一样也在探寻往事，虽然已是物是人非，但是人们还是渴望知道更多的发生在北京的往事。

3. 消失了的大运河——永济渠

扫码听音频

北京老话儿说："您是只知其一不知其二。"意思是说，您知道的并不是事情的全部真相。

本篇想和各位聊的是：消失了的大运河——永济渠。

说到京杭大运河，大多数人都知道这条河是从通州经通惠河进入北京，到达终点积水潭的。但是大多数人并不知道，其实早在隋朝还有一条由余杭（杭州）经洛阳到北京的京杭大运河，当然那个时候可能还不叫京杭大运河，因为那个年代，北京叫涿郡，叫蓟城，还可能已经开始叫幽州了。

据史籍记载，隋大业四年（608年），隋炀帝"诏发河北诸郡男女百万，开永济渠，引沁水，南达于河，北通涿郡治所蓟城"。

这段记载告诉我们，1400年前隋朝皇帝下令征调黄河以北百万男女劳工，开凿从黄河边的洛阳到蓟城的运河；运河的名字是永济渠，这个工程全长大约有1000公里，历时3年才终于完成。因为从杭州到洛阳的运河已经开通，所以来自江南的粮草物资、来自都城洛阳的军队，都能快速抵达王朝东北方向的战略据点——蓟城。

据推测，那个时候南来的船只是通过现如今流经北京城南的凉水河，直抵蓟城的南门。古蓟城由于大运河的开通，更加巩固了自身作为北方地区交通枢纽、贸易中心和军事中心的地位。

古籍还记载，永济渠挖成后的当年，隋炀帝自江都，也就是如今的扬州，乘龙舟沿运河北上，带着船队和人马以及大量的物资，水陆兼程2000多公里，仅用了50多天，就抵达了远在涿郡的北方大本营蓟城。

可惜的是永济渠这条古老的大运河，不知道为什么消失在了岁月中，以至于一些还苦苦追寻它的人，至今也不能准确地勾画出它的航迹。

而如今经由通惠河进入北京的大运河,是在距今700多年前的元代才开挖完成的。

这一段往事记述了这样一个事实:

永济渠和通惠河是京杭大运河在不同时期进入北京的两条不同的河道,它们都是始于杭州,殊途同归到达北京。它们的不同点是1 700年前的永济渠,直达古蓟城;而700年前的通惠河,连接的是元大都。

4. 歪打正着

扫码听音频

本篇和各位聊的是：歪打正着的唐朝诗人陈子昂。

北京老话儿说："您这事干的，是歪打正着啊。"这意思是说，本来想干的事没干成，却干成了计划之外的事。

今儿我们要说的唐朝诗人陈子昂，就在幽州城干了一件歪打正着的事。

这个陈子昂，是武则天朝中的一个文官。这一年，武则天下令讨伐辽东契丹，派陈子昂作为参谋随军出征。大军在北方军事中心幽州集结，陈子昂就这样为了打仗来到了幽州。陈子昂虽然是文官，但是他少年时也曾经习武，后来还读过兵书，因此，他也希望在战场上一展身手，建功立业。

很快大军就从幽州城出发，一路向东北方向进军。军队刚进渔阳，也就是如今的平谷和天津市蓟州区附近，双方就打起来了。结果，唐朝五万大军打了败仗，还有一个主要将领阵亡，士兵伤亡惨重，军队士气低落，情况危急。这时候陈子昂出来请战，请求带一万精兵做前锋，攻击敌人。万没想到，陈子昂主动请缨，却被主帅一顿臭骂，不久还把他从前线轰回了幽州城。

陈子昂的报国宏愿成为泡影，不由得灰心丧气，待在幽州城也是烦闷无聊，于是就漫步在这古蓟城寻幽探古。他登上蓟丘，遥想历史，触景生情，怀古伤今，一口气作了7首诗。这《蓟丘览古》7首诗，成了他的代表作。而他在幽州的另一个作品《登幽州台歌》，虽然篇幅很短，但却是尽显才华，为历代文人所推崇。在这里，让我们一起来欣赏一下这篇千古绝唱吧。全诗是这样的：

登幽州台歌
前不见古人，后不见来者。
念天地之悠悠，独怆然而涕下。

诗人陈子昂本是为建立军功来到幽州的，没想到，他此行在战场上寸功未立，却歪打正着，在诗歌方面取得了巨大的成就，一举奠定了他在诗坛的地位。

5. 您这是赶上了，请了个现成的

扫码听音频

北京老话儿说："您这是赶上了，请了个现成的。"意思是说，一直想得到的东西，或者想办成的事，结果没费什么劲儿，别人就帮你办成了。

本篇想和各位聊的就是这样一件事：割让幽州。

幽州，核心区域就是今天的北京。可能好多人会疑惑：北京居然还被割让过？

您还甭不信，幽州还真就被割让过。

唐朝末年，曾经在各地镇守一方的将领们，开始据守自己的势力范围与朝廷对抗。到了907年，唐朝灭亡，五代十国开始。这些割据一方的军阀更是不择手段地扩充实力，占地为王，都想实现自己的皇帝梦。当时在北方的游牧民族——契丹人，也趁着中原混战，建立了辽国，他们盘踞在长城以外，虎视眈眈地寻找机会进军中原。

就在这个时候，后唐的大将石敬瑭起兵造反，但是又打不过对手，被困于太原，随时有被消灭的危险。他的属下都很担心，但是石敬瑭却早有计划，那就是向辽国契丹人求援。他向辽国许诺的条件是：割让包括幽州在内的幽云十六个州给契丹，另外每年向契丹人进贡大批财物，并从此对辽国皇帝"以父事之"，以儿国自称。

这种卖国求荣的行径，遭到手下一些亲信的反对，他们认为这条件也太屈辱了。可是石敬瑭却仍然一意孤行，马上派人去向辽国求援。正愁没机会越过长城、南下中原的辽国皇帝耶律德光，一听到条件，喜出望外，心想这真是想什么来什么，这回还真能请个现成的。

他立即出兵帮助石敬瑭，没费什么力气就打败了对手，建立了后晋王朝，又以辽国的名义册封石敬瑭为皇帝。石敬瑭将幽州等中原十六州，连同生活在这里的百姓，一起割让给了辽国。辽国由此轻易地跨过了长城，还把唐时的幽州城确立为自己的南京城。

幽云十六州依托长城，本是中原王朝东北部的屏障，石敬瑭割让幽云十六州给契丹的做法，直接导致中原地区门户大开。黄河以北的国土几乎无险可守。幽州也从中原向东北方向防御的军事中心，变成了游牧民族向中原进攻的前进基地。此后400多年，幽州一直游离于中原王朝之外，直到明朝建立时，幽州才重新回到中原王朝的版图。

石敬瑭为一己私利，拱手让河山，是中国历史上最臭名昭著的人物之一，他不但创造了"儿皇帝"这个称谓，其割地求荣的行为，更是被后世所不齿。千百年来，石敬瑭一直是"卖国贼"最典型的代表。

这就是北京的前身幽州城被割让的一段往事。

6. 您可真行，这么大的事，愣是没觉（jiǎo）着

扫码听音频

北京老话儿说："您可真行，这么大的事，愣是没觉着。"意思是说，发生了很重要的事，你居然不知道。

本篇和各位聊的是北京闹市中的古战场。

在北京的闹市中有一个地方，是发生过惨烈战斗的古战场。如今的你，可能每天都行走在这里，但是你可能从来就没想到过，你的脚下曾经是金戈铁马、遍地鲜血。

这个地方就是现如今西直门立交桥到紫竹院公园一带。这里有一条不长的河，它的上源现在叫南长河，从紫竹院东流至高梁桥一段仍保留高梁河的名称。

《水经注》说高梁河"水出蓟城西北平地，泉流东注"。

也就是说高梁河的源头之水，是在平地上冒出来的泉水，泉水积水成河，向东而去，流经首都体育馆，穿过北京动物园、北京展览馆，一直到北京北站向东而去，这就是高梁河。也有人认为，古高梁河的位置在如今白云路附近，但是，那可能是更古老的事了。事实上东汉以后，高梁河走的就是现在的河道。

979年，这里还是幽州城北门郊外的旷野。就在这一年的9月，宋朝军队在山西打垮北汉之后，士兵们来不及休整，就在宋太宗带领下从太原东进，来到这里，想要凭借着灭掉北汉的余威，一举收复幽州。宋辽两国几十万军队，为了争夺幽州城，就在这一带展开了惨烈的拼杀，史称"高梁河之役"。

当时的幽州城，墙高垒固，易守难攻。宋朝军队连续15天不停地猛攻幽州城，眼看着就要成功了，辽国的两路援兵也赶到了。宋军不得不停止攻城，回过头去对付援兵，双方在高梁河畔列阵厮杀。辽国乘夜晚调动精

锐骑兵，分左右夹击宋军，幽州城里的辽国军队也趁机冲出来加入战斗。史书记载：宋军三面受敌，全线溃败，死者万余人，连夜向南撤退。宋太宗赵光义中箭带伤，与诸将走散，见形势危急，他的手下找了一辆驴车，请赵光义乘车南逃。辽军一直追到了涿州才停下来。

　　这件往事还留下了一段趣话。因为宋太宗赵光义乘驴车南逃，从半夜至拂晓，短短的几个小时内，就跑到了涿州，因此，被后人戏称为"高粱河车神"。

　　高粱河一战，终止了宋朝统一中原的步伐，致使南宋、北宋历经300年，最终也没能收复幽州。

　　陆游的著名诗句说：

　　　　遗民泪尽胡尘里，南望王师又一年。

　　诗句也真实描述了那个时候幽州汉族百姓的生活状态。

7. 固守幽州的将军是个奴隶

扫码听音频

本篇和各位聊的是固守幽州的将军是个奴隶。

北京老话儿说："您可别门缝里看人，把人看扁喽。"意思是说，不要小看任何人，哪个群体都可能藏龙卧虎，哪个人都可能有一技之长。

就着前文宋太宗围攻幽州城遇到顽强抵抗，结果敌人援兵赶到，内外夹攻大败宋军这件事，今儿我们就来聊聊这位固守幽州城的辽国将领。

这个人叫韩德让，他本是汉族人，祖籍是如今河北的玉田县，韩家也算是个识文断字的书香门第。唐朝末年，契丹人到玉田县抢劫，韩德让的爷爷，被契丹人虏走了，成了辽国的奴隶。由于他的爷爷识字，人也聪明，很快就能够和契丹人正常交流了。再加上他饱读诗书，了解汉族文化，因此在辽国当了官。韩德让就出生在辽国，他的父亲也是辽国一个能征善战的将领，负责守卫辽南京，也就是原来的幽州城，现在的北京。虽然祖孙三代都在朝为官，但是他们的身份却仍然是奴隶。

979 年 7 月，韩德让代替他的父亲驻守南京，他到这儿不过才两个月，宋朝的军队就来攻打南京城。面对来势汹汹的宋军，他没有惊慌失措，也没有恐惧，亲自登上城墙，带领将士们作战，顽强抵抗了 15 天，终于坚持到了援兵的到来，然后又率领辽军冲出城，夹击宋军，取得了"高梁河之役"的胜利。

此后，韩德让凭借战功和过人的能力一路高升。

他先后几次随萧太后南下进攻北宋，还直接参与订立了"澶渊之盟"。萧太后主持朝政期间，十分信任和倚仗韩德让，让他做了辽国大丞相。韩德让集军政大权于一身，成为职位最高的汉人。直到这个时候，萧太后才正式取消了他的奴隶身份，又赐予他皇族姓氏，使他成为契丹贵族。

这个为辽国守卫陪都南京城的将军，是契丹人的一个奴隶，还是个汉人。他不但为辽国守住了南京城，还打败了宋朝皇帝率领的庞大军队，屡屡阻挡了宋朝收复燕云十六州的努力。这是1042年前发生在北京的一段往事。

8. 震中在北京的大地震

扫码听音频

本篇和各位聊的是震中在北京的大地震。

北京老话儿说："可是不能忘了那些事的凶险。"意思是说，虽然危险已经过去，但是要时刻准备应对和躲避危险，因为危险随时有可能卷土重来。

经常听到有人问：北京发生过大地震吗？

在这里，我告诉你，发生过，而且还不止一次。

远在3 000多年前，《竹书纪年》中就有了地震的记载，但是古人对震感不明显的地震，可能会缺而不载。在史书记载中，北京地区遭受6级以上的大地震有7次，5级地震11次，4级地震上百次。

北京有记载的第一次大地震发生在294年，震中在北京的延庆。这次地震在当年的3月和9月连续发生了两次强震。地震引起了地下水上涌，建筑物倒塌，造成百余人死亡。要知道那时候延庆的人口可是很少的。

距离城区最近的大地震发生在1057年的辽代，震中在大兴，震级为6.8级。这次地震使整个幽州城的建筑基本上都被毁坏了，被埋、被砸死者达数万人。

1484年2月7日，在北京居庸关附近发生了7级地震，震中距离北京城区约60公里。根据史料记载：地震有声如雷，居庸关、天寿山、密云、古北口一带受破坏最为严重，裂地沙涌，城墙倒塌，造成了巨大的损失和众多人员伤亡。

1536年、1665年，通县（今北京市通州区）先后两次发生了6级地震。

北京震级最高的地震发生在1679年，这次地震估算为8级，震中在北京的平谷以及三河一带。当时山崩地裂，火光四起，破坏力极大，波及范围很广，灾情也十分严重。平谷、通县受灾最为严重，房倒屋塌，死伤了很多人。通县的记载中说：大量房屋倒塌，县城四周发生地裂，裂缝纵横交错，其间有黑水喷出，高达丈许。这次地震，仅通县一个县就有上万人死亡。北京城内也有很多人被埋在倒塌的房屋下。

在时间上距离我们最近的一次破坏性大地震，发生在1730年，这一年是清雍正八年。这是一次破坏性极强的6.5级大地震，震中在北京海淀靠近山区的地方。从香山到回龙观一带，是极震区。附近那些建筑精美的皇家园林，顷刻间殿倒屋塌。北海白塔的基座开裂，居庸关坚固的城墙被震得错了位。北京城内大部分民房倒塌，百姓死伤无数，连绵不绝的余震，持续了将近一个月。就连雍正皇帝，也不得不住进了临时搭建的"地震棚儿"。

翻开史书，北京从有地震记载以来，一直是地震不断。从1730年到如今，近300年来，北京没有发生破坏性大地震，但是我们不能忘记大地震带来的危险，一定不要放松警惕。

9. 弄假成真的"蓟门烟树"

扫码听音频

本篇和各位聊的是弄假成真的"蓟门烟树"。

北京老话儿说:"您就别胡安乱编排了。"意思是说,搞不清楚的事,就不要乱说,更不能乱编。

今儿我们就来聊聊,本是瞎编乱造,还让人信以为真的著名风景旅游景点——蓟门烟树。

在北京三环路蓟门桥的北侧,矗立着一座高大的石碑,上面刻着由乾隆皇帝亲笔题写的"蓟门烟树"四个大字,石碑的下方保留着一处古老的城门洞,后人还把三环路上的这座立交桥命名为"蓟门桥"。很多人因此认为,这里就是古蓟门。

其实这是一个历史的误会。因为你查考史书就会发现,北京自古以来,就没有一个城门叫"蓟门"。

在明朝之前曾经有两个地方被称为"蓟门"。

第一个是幽州城。因为幽州城地理位置重要，犹如大唐的门户，而称蓟门。唐代诗人笔下多次出现的蓟门，指的就是幽州城，而不是一个城门。另外一个"蓟门"，则是处于幽州城内闹市附近的一条街道的名字。

据史籍记载，辽金时期的燕京八景，有一景称为"蓟门飞雨"，后来"蓟门飞雨"变成了"蓟门烟树"，仍旧是八景之一。乾隆皇帝是个好景之人，但是他不知道这"蓟门烟树"到底在哪儿。于是，就找来了几个大学士为他释疑解惑。其实呢，这几个人也不知道"蓟门烟树"在哪儿。但是，这大学士哪能白当呢？几个人小声讨论了一会儿，就有人说：我在西直门外，曾经见到过一座残破的城门，旁边的土坡上树木茂盛，据说那可能就是"蓟门烟树"。

乾隆皇帝听了十分高兴，当即起身，让这些人带路去寻找"蓟门烟树"。一行人骑着马就出了西直门，一路向北，很快就看到了一道土丘和残破的城门洞，旁边还有一条笔直的小河上漂浮着枯枝落叶，一片荒凉景象。为此乾隆皇帝还写诗说：

十里轻扬烟霭浮，蓟门指点认荒丘。

乾隆皇帝环顾四周，见树木葱茏，有山有水有城门，立刻认定这就是"蓟门烟树"，于是下旨，修葺城门，治理环境，立石碑标注清楚，以免后人又找不到。

其实这里哪是什么"蓟门烟树"，这里是元大都西城墙北端的肃清门遗址。那土丘就是原来的城墙，北京人管它叫土城儿。

可是，这是皇帝亲自立碑背书的地方，由不得人不信，于是直到如今很多人也是信誓旦旦地说，这就是燕京八景之一"蓟门烟树"，这就是蓟丘和蓟门。

把不存在的东西说成是存在的东西，捏造的事实甚至比存在的事实显得更真实，这让我忽然想起了曹雪芹在《红楼梦》里的一幅对联，感觉放在这里是再合适不过了：

假作真时真亦假，真作假时假亦真。

10. 一起值得铭记的空难

扫码听音频

本篇和各位聊的是一起值得铭记的空难。

北京老话儿说："您说说，这事赶得怎么就那么寸？"意思是说，怎么就恰好遇到这样的事呢？

今儿我们就来聊聊，发生在北京的一起没有正式记载的空难。

1968年12月5日，在首都机场，一架即将着陆的飞机在距离地面只有400米时，突然坠毁。飞机瞬间燃起了大火。在清理机舱时，人们发现了两具虽然被烧焦但是仍然紧紧抱在一起的尸体，人们费了很大的工夫，才将两个人分开。现场的工作人员在两人之间，发现了一个完好的公文包。经过仔细辨认，这两个被烧焦的人，一个是我国著名科学家郭永怀，另一个是他的警卫员牟方东。原来1968年12月4日，郭永怀在准备热核导弹的发射时，获得了一份重要数据，他急着要前往北京汇报。本来安排的是第二天白天的航班，郭永怀怕耽误事，影响核导弹发射，于是决定搭乘晚上临时安排的一架飞机。没想到就这么寸，这架飞机就出了事。

郭永怀飞机失事的消息，第一时间上报给中央，周恩来总理得知郭永怀去世，失声痛哭。人们打开公文包，一份热核导弹实验数据完好无损。郭永怀和他的警卫员在生命的最后一刻，用自己的身体保护了这份珍贵的文件。正是依靠这些数据，1968年12月25日，中国第一颗热核导弹试验成功，中国真正进入了核大国的行列，国家有了自己的核保护伞。同日中央授予郭永怀烈士称号。

郭永怀出生在山东，1941年出国留学，成为钱学森的师弟。1946年，郭永怀到康奈尔大学任教。他刚到学校就声明："我来贵校是暂时的，在适当的时候我会离开。"

1958 年的时候，郭永怀已经是终身教授，但是他冲破层层阻挠，烧掉了所有未公开发表的书稿，像钱学森一样，放弃优厚的待遇，毅然选择了回到中国，为自己的国家服务。很多人不理解郭永怀，为什么非要回到依然贫穷的中国。郭永怀掷地有声地告诉他们："国家贫穷就是做儿子的无能！"回国之后，郭永怀立刻和钱学森以及其他科学家一起，投入中国"两弹一星"的研制工作中。

　　在"两弹一星"的 23 位元勋中，郭永怀是唯一一位参与了原子弹、导弹、人造卫星三方面工作的科学家，也是两弹元勋中唯一的一位烈士。

　　正是由于有了郭永怀，以及千千万万个像他一样心系祖国、不计个人得失的人，中国才一天天强大起来。

　　请记住那句掷地有声的话："国家贫穷就是做儿子的无能！"

　　请永远不要忘记，那两个已经被烧焦了仍然紧紧抱在一起保护重要文件的英灵。

11. 北京的一环路

扫码听音频

本篇和各位聊的是北京的一环路。

北京老话儿说："有一就有二。"意思是说，什么事只要开了头儿，再想停下来就难了。

说起北京的环形路，还真就是一件停不下来的事。如今的环形路已经修到第七环了，不知道会不会还有第八环。今天，咱们专门聊聊这神秘的一环路。

说这一环路神秘，是因为即使在北京生活了很多年的人，也常常会有一个疑问：北京的环路是从二环路开始向外扩散的，却从来没见过一环路，那北京到底有没有一环路呢？如果有，那一环路又在哪呢？

得不到答案，就会诞生猜想。

有人说：环绕皇城城墙一圈是一环，就是从南河沿、北河沿、平安大街、西黄城根儿，再到长安街一线。这实际上是皇城四门——天安门、地安门、东安门、西安门的连线。

据说近些年还曾经有人建议：在南北两方面，利用两广路、平安大街，在东西两方面，再进一步扩宽东单、西单北大街，形成北京一环路。

但是这些说法都是不曾实现的设想。

历史上北京城内的道路横平竖直，条块分割，各个区域相对封闭，是没有环路的。北洋政府时期为了修建有轨电车，曾经打通了许多道路，但是最终也没有形成环形路。

到了1950年，政府在旧有的基础上，对道路进行改造，新开辟了环行的四路有轨电车。北京人管它叫铛铛车。它是由平安里经西四、西单，到天安门，再走东单、东四、北新桥、鼓楼，从地安门返回平安里。铁轨形成了一个环形，有轨电车线路也运行了很多年。

这是北京城内的第一条环形路。

1958年有轨电车停驶，拆除了铁轨，换成汽车运营，走的仍然是原来的路线，车站也仍然延续了原来的名称。这就是老北京人最熟悉的"4路环行汽车"。

当初，年年举办的北京"环城长跑比赛"，就是沿着这条路线行进的。毛主席接见红卫兵时，也曾经使用过这条环路。

这是北京城内，第一条正式开通运营的环形路，也是老北京人心目中唯一认可的北京一环路。

12. 国徽背面的秘密

扫码听音频

本篇和各位聊的是国徽背面的秘密。

北京老话儿说:"前后都得照应着。"意思是说,做事情、看问题不能只顾及一个方面。

天安门独特的地理位置和国家政治活动中心的地位,使城楼重檐中心高悬的中华人民共和国国徽万众瞩目,其鲜明、富丽、庄严、凝重的风采,深深印刻在每个人的记忆中。但是你只看到了国徽的这一面,你知道它的背面有什么吗?

1950年9月20日,国徽最终设计方案确定后,《中央人民政府主席毛泽东关于公布中华人民共和国国徽图案的命令》颁布。中华人民共和国国徽宣告诞生。当然这还只是图样和图纸,并不是实物。

图纸变成实物的任务就落到了沈阳第一机床厂的身上。铸造技术尖子焦百顺,带领几名技术工人,组成了铸造小组,全厂上下同心协力共同攻关。

要制作直径200厘米的大型金属国徽,在当时的设备和技术条件下,难度相当大。从模具制作到浇铸成型都有难度,尤其是要想做到浇铸出的国徽表面平整光滑、纹理清晰、凹凸有序,更是难上加难。焦百顺和他的伙伴们,经过多次攻关、反复试验,又经过仔细的手工刮削、研磨、抛光、调色等工序,硬是凭着精湛的技艺,制造出了精美的大型合金国徽。

1951年5月1日,这枚金属国徽正式悬挂在天安门城楼上。这枚国徽一出现,就赢得了国内外的一致好评和赞誉。

那有人问了,你说了这么多,国徽背面到底有什么呢?告诉你吧,合金国徽的背面写有8个人的名字。他们是负责到天安门城楼上悬挂国徽的8名高级技术工人。留下名字的最初用意,一是显示这项工作的庄重,二是为了追责。当然他们到底姓甚名谁,那就是真正的秘密了。

13. 天安门上国徽的制作材料

扫码听音频

本篇和各位聊的是天安门上国徽的制作材料。

北京老话儿说:"来,破个闷儿吧。"意思是说,猜个谜语,或者猜测一件事情。

今儿我们就要一起来破个闷儿,猜一猜,现如今天安门城楼上悬挂的国徽是用什么材料制作的。

我在网上看了一下,还真有不少这方面的提问和答复。人们分别猜测国徽是用玻璃钢、铝合金、木材、黄铜、纯金、钢芯镀镍、塑料、钛合金等材料制作的。偶尔有一个说对的,也没人相信。今儿我们就来破解这个谜。

1949 年,中华人民共和国开国大典的时候,在悬挂国徽的位置,悬挂的是"中华人民共和国中央人民政府成立典礼"的横幅。因为这个时候,只是确定了国旗方案和国歌词曲,还没有确定国徽图案。后来,决定邀请清华大学营建系和中央美术学院分别设计国徽图案。

1950 年 8 月 18 日,在国徽审查组召开的专家会议上,审议通过了由清华大学营建系高庄教授制作的国徽石膏模型,这才最终确定了国徽的设计方案。而这时候距离一周年国庆日已经很近了,于是按照国徽的设计标准,在京城赶制了一枚国徽。

1950 年 10 月 1 日,天安门城楼上悬挂了第一枚中华人民共和国国徽。这枚国徽是木质的,悬挂了 7 个月。

1951 年 5 月 1 日,沈阳第一机床厂的金属国徽制作完成,悬挂在了天安门城楼上。这是天安门城楼悬挂的第二枚国徽,这枚国徽的材质是铝合金,悬挂了 19 年。

到了 1970 年 4 月,由于金属国徽有近半吨重,又有导电引雷的危险,再加上这时候，天安门城楼开始使用夜景灯光，金属国徽反光十分明显。最后经过讨论确定，不再使用金属材料制作国徽，于是调集了北京的能工巧匠制作了一枚新国徽。

这是天安门城楼悬挂的第三枚国徽，这枚国徽的材质是高质量的松木，悬挂了整整49年。

2019年为了迎接中华人民共和国成立70周年庆典，国家决定制作一枚新国徽。于是选用优质的松木和橡木，运用先进的科技手段，经烘干、防腐、防虫和碳化处理后，用数控机械雕刻，再用人工精雕、打磨制作完成。如今高悬在天安门城楼上的就是这枚国徽，也是天安门城楼上悬挂的第四枚国徽。

综上所述，谜题已经解开，天安门城楼上先后悬挂过四枚国徽，曾经用过的材料是铝合金和木材。

现在天安门城楼上悬挂的国徽就是木质的。

14. 挪来挪去的渔阳

本篇和各位聊的是挪来挪去的渔阳。

扫码听音频

北京老话儿说："不把人弄晕菜，不算完。"意思是说，一个看似简单的问题，把它搞得复杂了，就会让你一时半会儿弄不明白。

今儿我们要聊的渔阳，就是一个能把人搞晕菜的地方。秦朝之前就有渔阳这个名称，它历史悠久又变化频繁，而且还有渔阳县、渔阳郡的区别。

再加上渔阳地处边陲，经常有战事发生，所以唐代以后的诗人也常常用渔阳来代指东北方向的征伐之地，这就更是让人茫茫然，不知所言为何处。比如，张仲素的诗《春闺思》就说：

袅袅城边柳，青青陌上桑。
提笼忘采叶，昨夜梦渔阳。

这里所说的渔阳，代指她的男人戍守边关的地方。但是它在哪就不知道了。

查找资料会发现，古代的渔阳对应着现在的三个地点，分别管辖着北京东部、北部的大片地域。

第一个渔阳是在北京市密云区的统军庄村；

第二个渔阳是在天津市武清区旧县村；

第三个渔阳是在天津市蓟州区。

说起来它还有第四个短暂的落脚点，在北京通州城附近。

推算下来，渔阳这个行政区划存在了 2 000 年左右，直到明朝初年最后撤销了渔阳县，渔阳就成了一个历史名词。

现在北京的东北部地区,在历史上几乎都与渔阳有关系。如果你经常去京郊旅游就会发现,这几个地方都有称为渔阳的商号,让你弄不明白,到底哪是古渔阳。

去繁就简来归纳一下:

从西周到秦汉时期,渔阳郡的治所在今天的密云统军庄附近。南北朝时期由于政权的频繁更迭,曾经多次变换过地点。

隋唐时期,渔阳搬到了现在紧邻平谷的蓟州。

唐朝诗人陈子昂去过的渔阳也是在平谷附近。

由于渔阳管辖的范围很大,如今北京的密云、怀柔、平谷、通州、顺义,甚至北京,都可以说自己是古渔阳。

简单地说:

秦汉魏晋以前渔阳在密云;

隋唐时期渔阳则是在平谷附近的蓟州;

唐朝以后渔阳历经多次废立和迁移,终结于明朝。

举例来说:

东汉三国时,曹操在渔阳战乌桓,是发生在密云附近;

而唐朝安禄山起兵造反的渔阳,则是在平谷附近。

关于渔阳,我觉得大体上说明白了,你觉着呢?

15. 重建天安门

扫码听音频

本篇和各位聊的是重建天安门。

北京老话儿说:"悄没声地就把事干了。"意思是说,做事不张扬。

今天我们要说的重建天安门城楼这件事,就是悄没声地完成的。因为直到现在已经过去了 50 多年,仍然很少有人知道天安门的这次重建工程。

天安门 1420 年建成于明朝,最初名叫"承天门",李自成攻占北京城时被烧毁。1651 年,清朝在原址重建,更名为"天安门"。这座天安门的外形和我们今天所见到的天安门完全相同。

1949 年中华人民共和国成立后,天安门便被赋予了新的使命,成为新中国的象征。但是你可能不知道的是,从 1970 年开始,你看到的天安门,就已经不是 300 多年前的那个天安门了。

现在这个天安门的建成时间是 1970 年 4 月。为什么要重建天安门呢?这是因为 1966 年的 3 月,河北邢台发生了 7.2 级地震,北京受到波及,地震对天安门城楼造成了很大影响。为保证安全,除了立即对城楼的梁、架、柱等进行加固外,翻建天安门城楼的筹备工作也提上了日程。

到了 1969 年,国务院正式启动了天安门城楼的重建工程。周总理亲自出任总指挥。1969 年 12 月 15 日清晨,天安门前过往的人们发现,天安门城楼一夜之间被一个巨大的苇席棚完全罩住,大家习以为常地认为,那是在进行例行的维修。来来往往的人们并不知道,那个大棚里面,上千人正在忙碌,天安门城楼的拆除重建工程已经正式开始了。

施工人员在天安门城楼屋脊上的正中间,找到了金丝楠木制作的镇脊宝匣。里面放的是古代的辟邪之物:一个金元宝,以及朱砂和五彩粮食。

按照设计要求,重建的天安门城楼,建筑材料要全部更新,但是所有尺寸不变。重建的准备工作,其实早在 1968 年就已经开始了。擅长古建筑修建的北京房修一公司、二公司，100多个木匠师傅，已经在房管局的青年路仓库和百子湾仓库工作了近一年的时间，不但用传统的榫卯结构方式，制作了一个天安门模型，还完成了大型木构件的制作。之后他们又配合北京第五建筑工程公司，进行重建工作，特别是木构件的安装作业。

在几千名劳动者的共同努力下，1970年4月7日天安门城楼重建工程竣工，一次验收合格，工期仅仅用了112天。

城楼原来安放宝盒的位置，放进了一块高17厘米、宽12厘米、厚3厘米的汉白玉石牌，上面刻着"1970年1—3月重建"的字样。作为重建天安门城楼的一个历史见证。

重建天安门，是一件并不算遥远的往事。

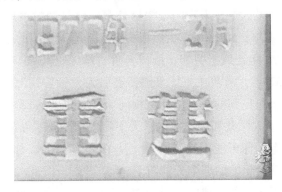

16. 探雷器在天安门上响起

扫码听音频

本篇和各位聊的是探雷器在天安门上响起。

北京老话儿说:"吓了我一身白毛汗。"意思是说,被意想不到的事惊吓出一身冷汗。

今儿我们要说的这件事,就真能让人吓出一身冷汗。

1970年天安门城楼重建工程交工前,除了要检查工程质量,还要对重建的天安门城楼进行安全检查,为此成立了专门的检查小组,他们手持各种仪器,按照图纸逐项进行检测。当检测到一个斗拱时,探雷器突然发出鸣叫。有人赶紧翻看图纸,图纸明确显示此处并无任何金属部件。天安门城楼是全木结构,斗拱只有楠木和柏木,完全是遵循古代传承的榫卯结构制作的,没有使用一根铁钉。这里怎么会有金属呢?

这下问题严重了,在那个年代,又是在首都天安门城楼上,人们首先想到的是有人搞破坏,难道是被人放置了炸弹?

但是,这不应该呀,因为大家都知道,能到天安门上面去参加施工的人,都是经过了反复审查,根红苗正,不但技术过硬,还要政治可靠。施工过程中工人师傅们也表现出了极高的责任心和政治觉悟,怎么可能会出事呢?难道哪里有漏洞,被敌人钻了空子?

现场气氛顿时紧张起来,甚至有的人额头上都冒出了细汗。

不怕一万,就怕万一。指挥部决定,现场人员立刻撤离,安排专人仔细排查,一定要找出原因,消除隐患。

于是,那个已经油饰一新的斗拱,被一点一点拆开。如临大敌又小心翼翼的人们,仔细搜寻着。当大家终于看到了那个金属物件的时候,所有的人都松了一口气,刚才有些过于紧张的人,甚至瘫坐在了地上。所有人的目光都紧紧盯着那个惹事的东西:

那是一把木把铁头儿的木工扁铲。

17. 中药里发现的甲骨文

扫码听音频

本篇和各位聊的是中药里发现的甲骨文。

北京老话儿说:"您真是好眼力,捡了个漏。"意思是说,发现了别人都没发现的宝贝。

今儿要说的就是一位北京乃至全中国最有眼力的人。

1899年的秋天,京城流行疟疾。居住在北京锡拉胡同21号的清代著名金石学家,当时担任国子监祭酒的王懿荣也身染疟疾,久治不愈。他请来的一位医术高明的老先生为他开了一副药方。药方上有一味药,居然叫"龙骨",这引起了王懿荣的好奇心。

他迫不及待地想看看这"龙骨"究竟长什么样。等家人把药抓回来后,他赶快打开药包,一样一样仔细翻看,这一看不要紧,他不但看到了中药里的"龙骨"碎片,还发现一些碎片上居然有一些奇异的刻纹,看上去有点像是文字。由于骨片实在是太小了,无法确定是不是文字。为了赶快解开心头的疑惑,王懿荣抱病亲临药房一探究竟。到那儿才知道这"龙骨"来的时候都是大块的,是药铺为了入药特意把它们砸碎的。王懿荣反复叮嘱药铺老板,如果再有商贩送"龙骨"来,请代为引见。

没过几天,不是商贩,而是一个著名的古董商,被引见到王懿荣府上,他带来了12片比较完整的"龙骨"。王懿荣见到完整的甲骨片,分外高兴。他仔细端详着每一片甲骨,关注上面每一个单一成形的"符号"。凭借深厚的金石学功底,他很快就确认:这很可能是比金文更古老的文字!王懿荣以一个字一两银子的高价买下了这12片甲骨,并且请那位古董商继续收购尽可能完整的"龙骨",又派家人到京城各大药店把有刻字的甲骨全部买下。古董商到这时才恍然大悟,原来这药材上面的刻痕,才是真正的古董。

为了能得到更多的甲骨，王懿荣不得不典当家中的财物。用了一年时间，他一共收集了带字的龙骨1 500片。有了这些宝贝，兴奋的王懿荣废寝忘食、通宵达旦地拿着放大镜对龙骨进行研究。经过对龙骨上的刻纹符号反复推敲、拼合，他确认，龙骨上面的符号是用刀刻上去的文字。随后在他的刻苦努力下，一个又一个单独的文字符号被破译，随着探索的深入，又发现有的字与字还可以连为词语。通过与金文比对，与史籍仔细考订，王懿荣最终确定，这些甲骨上刻的符号是比金文还早的古老汉字，记述的是商代的占卜辞令。因为这些文字主要是刻写在甲骨上，就被称为甲骨文。

王懿荣发现甲骨文的消息，震惊了中国学术界，也引起了世界学术界的关注。更多的学者，特别是外国学者都开始研究甲骨文，甲骨学很快成为一门世界性的专门学科。王懿荣对甲骨文的研究，为研究中国文字的起源提供了历史证据，证实了商王朝的存在。

这就是王懿荣凭借着博学、好奇心，以及独到的眼力，在中药里为中华民族发现瑰丽宝贝的一段往事。

18. 北京话和汉语通用语

扫码听音频

本篇和各位聊的是北京话和汉语通用语。

北京老话儿说:"小孩儿没娘,说来话长。"意思是说,事情曲折复杂,几句话说不清楚。

今儿我们要聊的北京话和汉语通用语言,就是一个比较复杂曲折,又有久远历史渊源的话题。为了能说得更明白点,咱们就从普通话为什么叫普通话聊起。

普通话的正式名称是:现代汉语通用语言。

"普通话"这个词最早出现在清朝末年。后来学者朱文熊将汉语划分为三个部分,"国文"也就是文言文、"普通话"和方言俗语。并且把"普通话"定义为:各省通行之话。

其实中国从商周时期开始,就有了各省通行之话,叫"雅言"。雅言是以洛邑,也就是现在的河南洛阳的语言为基础形成的。那时想要有一番作为的人,都要会说这种通用语言。比如孔子有弟子三千,哪儿的人都有,孔子授课用的就是雅言。再比如战国时期的纵横家苏秦和张仪,一个河南人，一个山西人，要去游说各国，没有通用的语言怎么游说？他们用的也是"雅言"。

到汉朝的时候，标准语音叫"正音"，也可以叫"雅言"或"通语"。唐朝制定了《唐韵》作为标准语音，官员和科举考试都必须使用唐韵。据考证，唐韵与今日的粤语有点相似。宋代则用《广韵》和《平水韵》作为标准语音。

元朝规定，学校教学都要以汉语为标准，称汉语为天下通语。元代盛行接近口头语言的杂剧和散曲。著名的杂剧作家关汉卿等人都生活在大都，也就是现在的北京。他们的作品《窦娥冤》《汉宫秋》《西厢记》等，就反映出当时北京的语言风貌。元代的周德清根据当时流行的元杂剧的音韵，编写了《中原音韵》一书，书中的语音包括声母、韵母，声调已经非常接近现在的北京话的语音。元大都时的北京话，几乎就是当时的天下通语。

后来明朝定都南京，以金陵雅言和中原雅言为基础，组成新的汉语语音系统作为"正音"。明朝的通用语言称为"官话"。但是不久明朝的首都就搬到了北京，南京官话的音调，逐渐被北京语音和北方话所融合，变成了北方官话。清朝定都北京后，设立了正音馆，确定以北方官话为正音，在各级书院、学堂推广正音教学。北方官话也改称为国语，成了新的通用语。辛亥革命之后"国语"这个词，被延续使用。到了1932年，民国政府借鉴已经广泛使用的白话文，正式确定了新国语的标准读音。中华人民共和国成立以后，又在原国语的基础上，以北京音和北方话为基准，对全国通用语言进行了整理和修订。通用语言也由过去的国语改称普通话。1950年起，小学"国语"课也正式改称为"语文"课。

说这么多是想告诉大家一个事实，普通话并不是汉语唯一使用过的通用语言。北京音和北方话作为产生明清官话、国语和普通话的基础，其历史并不久远。

19. 北京话和普通话的区别

本篇和各位聊的是北京话和普通话的区别。

扫码听音频

北京老话儿说:"您这是听岔了音了。"意思是说,你听错了,人家说的是豆泡,不是豆包。

北京话听起来像普通话,其实这是有原因的,因为普通话作为现代汉语通用语言,本就是在原来明清时期的北京官话和民国时期国语的语音基础上发展而来的。同时又借鉴了元朝时期制定的《中原音韵》的语音标准,包含了很多自元朝以来的老北京话的语音成分。

元、明、清三个朝代近800年,北京是全国的政治、经济和文化中心。而北京话作为"官话",早已依托政权和商业的渠道,传播到了全国各地。另一方面,近代以来,特别是五四运动以来,大量的以北方话为基础的白话文作品,以及元明清以来的戏曲作品,更多地受到北京话的影响。这些优秀的文学艺术作品,通过舞台、报刊等媒介的推送,得到了广泛的认可,进一步促进了北京话的传播。

但是北京话并不等于普通话。因为普通话是在修正北京官话的基础上重新确定发音的。以北京语音为标准音,指的是以北京话的语音系统为标准,并不是把北京话的读法全部照搬,北京话有儿化音、语速快的时候吞字、语速慢的时候带尾音等语言习惯,可以算作一种独特的方言。

比如:在北京话里"蝴蝶"(húdié)被说成"húdiěr","侵略"念成"qīnlüè","附近"念成"fǔjìn",把"傍晚"说成"晚半晌",把"斥责"说成"呲儿",把"吝啬"说成"抠门儿","鸡蛋"叫"鸡子""白果","等候"说成"等会儿","出差"叫"出趟门","散步"叫"遛弯",等等。

为了使普通话易于学习和推广,话语更加直接,更加清晰准确,1953年,经过国家语言专家们在北方地区广泛采集样本,反复分析对比,最终发现如今的河北滦平县几乎全民讲的都是接近普通话的语音,特别是在金沟屯村一带,他们说的话,既是北京语音,又简洁明快。于是就把滦平作为普通话标准语音的主要采集地,作为普通话语言规范的标本。我们现在使用的普通话,大部分都来源于河北滦平县。现在那里还有"普通话语音标本采集地"的标志牌。

中国文字改革委员会最终确定的标准普通话易于推广和普及,比北京话表达的意思更加严谨,语速适中,发音清晰,抑扬顿挫,韵味丰富。在广播、演讲和谈话交流中,能够更加明确、更加清晰地表达一个人的思维和情感。

我来举个例子,让各位感受一下北京话和普通话的区别。比如普通话说:"你这么早起床,干什么去?"而北京话呢,是这么说的:"您这,起个大早,这是要忙哪门子事儿去呀?"怎么样,这区别是不是有点大?

20. 内九外七皇城四，九门八典一口钟

扫码听音频

北京老话儿说："内九外七皇城四，九门八典一口钟。"这句话说的是北京城的城门和城门上的报时工具。

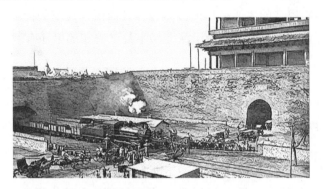

"内九"是说北京内城的9个城门。"外七"指的是外城的7个城门。这7个城门按照顺时针方向依次是：东便门、广渠门、左安门、永定门、右安门、广安门、西便门。"皇城四"说的是皇城的4个城门：天安门、地安门、东安门、西安门。

今儿我们聊的北京这"九门八典一口钟"，是专指内城的9个城门。这9个城门逆时针数是：朝阳门、东直门、安定门、德胜门、西直门、阜成门、宣武门、正阳门、崇文门。

这"九门八典一口钟"所说的"典"和"钟"，是由铜、铁等金属材料铸造而成的两种响器。把它们悬挂起来敲击，会发出鸣响，是古代的报时工具。在城门敲击典和钟，主要是作为开启或关闭城门的信号。"九门八典一口钟"，是说内城的9个城门有8个城门楼子上挂的是典，只有一个城门挂的是钟，而挂钟的这个城门就是崇文门。

这个城门明朝叫"文明门",清朝以后改为"崇文门",由于元朝曾把这个城门叫"哈达门",老百姓叫顺口了,就叫成了"哈德门"。这里是向皇城内运酒的专用通道,所以也叫"酒门""酒道"。又因为这里离皇家考场贡院很近,是才子进京赶考的必经之门,也被称为"幸运门"。明清时期曾在此设立税务司,统一管理京城九门税收,因此又被称为"财富门"。大贪官和珅就曾经主管过这里的税收事务。正常渠道进入北京的酒,都是从南边的崇文门进城,所以那时候京城卖酒的招牌上都写着"南路烧酒",意思是说我上过税了。崇文门在九门中的地位特殊,于是就在城楼上挂了一口钟。崇文门那儿一敲钟,其他8个城门就跟着敲典。这就是"九门八典一口钟"。北京人常说的钟点这个词,也是由这里演变而来的。

　　崇文门挂了一口钟,这还有一个传说故事。传说老龙王想把北京城的甜水全部偷走,就让龙婆和龙女拿大篓子把甜水装上,出了西直门。结果被大将高亮发现了,于是拎上长枪就追出了西直门,追上了龙婆和龙女,一枪直刺,就把水篓给扎漏了,水是留下来了,可高亮也被水给淹死了。人们为了纪念他,在西直门外修了一座桥,叫高亮桥,就是现在的"高粱桥"。老龙王一看偷水没成功,就亲自出马,想要把北京城全淹了,但是被明朝的大军师刘伯温抓住了,用大铁链子锁在了北新桥那口直通海眼儿的深井里。老龙王被抓,龙子又来报仇了,它计划把崇文门桥下的海眼给拱开,还是想要淹了北京城。结果它也被抓住了,就镇压在崇文门。刘大军师留下话:龙子要想翻身,得等崇文门上打典。可是,崇文门上的典早就换成了钟,只敲钟就是不打典。于是,就有了北京城"九门八典一口钟"的说法。

21. 中山公园的石牌坊

本篇和各位聊的是中山公园的石牌坊。

扫码听音频

北京老话儿说:"从今儿起,这事就翻篇了,不提了。"意思是说,这件事就像看书一样,翻过去看下一页了。

今儿我们要聊的中山公园石牌坊这件事,虽然在时间上是翻篇了,但却是一件不能不提,更是不能忘记的事。

走进北京中山公园的南门,迎面看到的是一座蓝色琉璃瓦顶的石牌坊,上面镌刻着"保卫和平"四个大字。这个牌坊的全称是"保卫和平牌坊"。在牌坊的前面,常年摆放着盛开的鲜花,几乎每个来到这里的游客,都会在这里拍照留念,那高大的石牌坊就成了最好的背景。可是很多人并不知道,这座无语的石牌坊还记载着我们国家一段屈辱的历史。

这个保卫和平牌坊的原名是"克林德碑"。克林德是个人名,是德国派驻中国的公使。1900 年 6 月 14 日,克林德在城墙上看见义和团团民在练武,就命令德国兵向他们开枪,当场打死团民 20 余人。6 天后的上午,克林德带着随从人员外出办事,走到东单北大街的西总布胡同西口,被清朝神机营的巡逻队拦下来盘问，这个克林德从乘坐的轿子里向巡逻队开枪，被激怒的巡逻队队长恩海举枪还击，杀死了克林德，史称"克林德事件"。早就想瓜分中国的列强们以此为借口，组织八国联军从天津直接攻入了北京城。软弱的清政府惹不起外国人，却惹得起自己人，于是抓住恩海交给了德国兵。1900年12月31日，恩海在西总布胡同西口被处斩，临刑前他大声喊着说："余因杀敌而死，死无所憾。"这一声喊，不知道曾经喊哭了多少中国人。

这还不算完，清政府还被迫与英、美、德、法、俄等十一国签订了丧权辱国的《辛丑条约》。《辛丑条约》的第一条是：清政府要对克林德遇害一事，当面向德国皇帝赔礼道歉，并在遇害地建碑纪念。1901年6月25日，一座耻辱性的牌坊，在恩海被斩杀的地方立了起来。这就是"克林德碑"。

到了1918年，中国成为第一次世界大战的战胜国，德国战败了，人们拆掉了"克林德碑"。将克林德碑的石料运到了现在的中山公园，建了一座新牌坊，根据战后协约国"公理战胜，强权失败"的口号，取名"公理战胜坊"。但是随后的巴黎和会，并没把战败国德国强占的山东归还中国，却转手给了日本。消息传到国内，人们不禁发出"公理何在"的呐喊。"公理战胜坊"再一次令国人蒙受了耻辱。

中华人民共和国成立后，向全世界宣布，废除一切不平等条约，石牌坊的命运才发生了改变。1952年10月，由中国发起的亚洲及太平洋区域和平会议在北京召开。这次会议的宗旨是保卫和平。为了纪念这次大会，"公理战胜坊"才改成"保卫和平坊"。这就是北京中山公园石牌坊承载的一段往事。

从"克林德碑"到"公理战胜坊"，再到"保卫和平坊"，这座牌坊的往事，希望更多的人能够了解。

22. 北京城为什么是"凸"字形

扫码听音频

本篇和各位聊的是北京城为什么是"凸"字形。

北京老话儿说:"家家有本难念的经。"意思是说,每个家庭都有自己的难处和不好办的事。

今儿我们要聊的,就是明朝皇家的一件为难的事。

明朝的北京城,最初是比较规整的口字形,1553 年以后才变成凸字形。这里面就有一段皇家的难言之隐。

嘉靖二十九年,这一年是 1550 年,北方草原上出现了一个号称要"光复大元,还我河山"的大汗,这个人叫俺答。这一年俺答率领 10 余万蒙古骑兵,从河套出发,绕到古北口,挥师进逼北京城。嘉靖皇帝赶紧派人传召各地兵马立刻入京勤王。京城内,畏惧打仗的官员和将领们,听从大奸臣严嵩的主意,下令关闭城门,全军退守城池,将京郊全部让与蒙古人。俺答都能远远看到北京城了,也没看到布防的明朝军队。为了试探虚实,他先派了几百个骑兵到京郊进行抢掠,居然没有遇到任何抵抗。于是蒙古大军放心地肆意劫掠、杀戮。京郊百姓纷纷逃向京城寻求庇护,但是京城九门紧闭,不许进入。就这样,明朝的当政者,把自己的百姓拒之门外,任凭蒙古人劫掠、杀戮。俺答抢劫财物无数,心满意足。掳掠之后,蒙古大军大摇大摆地带着大批财物从容而退。

更可恶的一件事是,明朝大同的总兵仇鸾,带兵救援京师,在昌平一带打不过蒙古军,就下令斩杀了逃难的百姓数百人,谎称杀的是蒙古兵,带着他们的头颅向嘉靖皇帝邀功请赏,结果还真就得到了封赏和重用。

这次蒙古人入侵,在明史上被称为"庚戌之变"。这次事件之后,嘉靖皇帝坐在金銮殿的龙椅上,总觉得不踏实。于是决定在京城城墙之外,再修筑一道城墙,称为外城,把北京城建成一个"回"字形。嘉靖三十二年，也就是 1553 年，从南郊开始施工。原计划筑城 120 里，把内城完全包裹起来，但是，此时的大明朝国力渐衰，又三天两头儿被蒙古人抢掠，国库空虚，实在是财力不济。面对没钱的难处，皇帝也一样是束手无策。已经建到广安门、广渠门的外城，本来应该继续向北延伸的城墙，不得不向内拐弯，先把外城墙与内城墙连上，等有钱了再接着修建外城墙。只可惜这大明朝从此江河日下，再没缓过劲儿来。修建外城墙的事也就不了了之了。于是便有了北京内城的南边，开了 7 个城门的外城。北京城也由此从"口"字形变成了"凸"字形。

如今车轮滚滚的北京二环路，就建设在这道由内外城共同构成的"凸"字形城墙的遗址之上。

23. 北京城到底有几道城墙

扫码听音频

本篇和各位聊的是北京城到底有几道城墙。

北京老话儿说:"您这层挨层、圈套圈的,裹得倒是严实。"意思是说,一层又一层地包了起来。

北京作为古都、皇帝的家,那包裹得肯定更加严实。

今儿我们就来聊聊这北京城的城墙。

我们现在所说的北京城,一般情况下指的是元、明、清三朝建成的北京城。话说这元朝打败了金朝以后,一把火就把金中都给烧了。当时最漂亮的一座城,几乎变成了废墟。由此也可以看出,当时的蒙古人并没有打算在这里长住下去。直到40多年以后,成吉思汗的孙子忽必烈继承了汗位,有了一统华夏建立一个新王朝的想法,这才决定把都城搬到北京来。于是动用了大量人力、物力、财力,在金中都的郊野平原上建设新都城。都城的外围夯土为墙,建成了周长为28.6公里的城墙。虽然城墙很长,但是也很简陋,每到雨季就会有大量的黄土被冲走,还经常发生墙体坍塌。也是实在没办法了,就在一圈城墙上全部盖上了苇席,因此被人戏称为"蓑衣城"。不难想象,那景象也是很壮观呢。

明朝在北京建都后,可能是感觉元朝大都城的北部太空旷了,于是就把北城墙向南缩回来2.5公里。而将南城墙由现在的长安街,向南推进到距离不到1公里的如今前三门一线。又用大城砖把周长近22.5公里的土墙,全部包裹起来。北京城的城墙变得高大又坚固。

中国古代有个说法叫"城方如印",意思是说一座城要方方正正。但是明代的北京城墙却没有西北角,就像方形的桌子被砍去了一个角。据说这是以躲避水道为理由,来保证坐在金銮殿上的皇帝,处在城墙对角线相交的那个点上,以显示皇帝至高无上的地位。这道城墙后来被称为内城。

内城的里边还有一道城墙叫皇城。皇城的南城墙在如今的长安街一线，北城墙在平安大街一线，东城墙、西城墙分别在东、西两个黄城根大街的位置上。这道城墙可以算是保卫皇帝的第二道防线。在皇城的里边又设置了宫城，称为紫禁城。宫城的城墙就是如今故宫博物院的外院墙，也是皇宫的最后一道防线。算上没有全部建设完成的外城，那么北京城一共有四道城墙。

这四道城墙，从里往外数是：宫城、皇城、内城和外城。它们共同构成了北京城的城垣格局。现如今这四道城墙，仅有宫城还完整保存着，就是现在的故宫博物院。皇城就只剩下南面，从府右街、新华门、天安门再到南河沿，这一段还算是完整的古城墙。至于内城和外城，除了北京火车站南侧残留下来的一小段，别的已经看不到了。您只能坐着车，行驶在二环路上，带着一缕怀古的幽思，闭着眼睛去感受行走在城墙上的浪漫了。

24. 除夕特辑

有朋友说,想听正宗的、长一点的老北京话,我借着除夕喜庆的节日气氛,给大家来一段!

您说说您啊,昨儿,人家请客,您看您那吃相,鼓着个腮帮子可劲儿塞。得了吧您,还别光说我,您也好不到哪去,昨儿您咧着个大嘴叉子,专拣贵的招呼,一桌子人就瞧你了。哎,还别说,还真是不光咱俩人,就坐您边上那位爱吃鱼的,弄一大块就往嘴里塞,您倒是择择(zhái)刺啊,刚吃一口,鱼刺就扎嗓子眼上了。还有那谁,刚端上来鱼翅羹,也不吹吹,秃噜一口,烫得没咽下去,把上膛都烫破了。糖醋排骨也不会吃,那傻小子,他就不知道咬着肉把骨头拽出来,连骨头带肉一块跟嘴里咕蠕,好嘛,下牙床子都硌出血来了,还抄起眼么前儿的白酒漱口,您说他也不想想,上膛烫破了,下牙床子都硌出血了,还敢往嘴里倒白酒,那受得了吗?杀得那小子龇牙咧嘴的,眼泪都快出来了。

25. 北京最大的皇家苑囿

扫码听音频

本篇和各位聊的是北京最大的皇家苑囿。

北京老话儿说:"您见过什么呀,今儿就让您开开眼。"意思是说,您见过的那个,并不是最好的。

北京曾经有很多皇家园林,如今我们知道的皇家园林中,就数香山、颐和园最大了。今儿我们要聊的,是古都北京一个比香山、颐和园加起来还大好多倍的皇家园林。

这个园林,紧邻永定河,地处古河道上,最早是辽国把它圈成了狩猎场。后来几经扩展整修后,不但能狩猎还能操练军队。元、明、清三代,又逐步建起了围墙和宫殿,成了皇家苑囿。特别是明朝迁都到北京后,对园林进行了大规模的扩建,还盖起了行宫、官署、庙宇。清朝又为这里添加了不少新的建筑。在那个时候,这里河湖众多,水草丰茂,动植物种类繁多,是皇帝游玩骑射、飞鹰狩猎的好地方。这里的范围很大,从现在南四环内的大红门儿、角门一线往南,一直到南六环。从西红门儿往东,一直到马驹桥,纵横几十公里,是北京有史以来最大的皇家园林。

这么说,您想到这是哪儿了吗?告诉你,这个地方叫南苑。是一处皇家苑囿,史称"下马飞放泊"。意思是有水面的可以飞鹰放狗的地方。后来改称南海子,到了后期才叫南囿、南苑。南苑是一处有团河、南宫、新宫、旧宫四座行宫,24 个园子和众多庙宇的皇家苑囿。四周有围墙约 60 公里,最初开有 4 个大门:西红门、南红门、东红门,北边的大红门是正门。后来四门增扩为九门,又增加了小红门、黄村门、镇国寺门、双桥门和迥城门 5 个大门。还有众多的小门以及角门。如果在北京地图上看看这些位置,您就能直观地看到这个园林到底有多大。

现在的人们对南海子已经非常陌生了,那是因为南苑已经破败了 100

多年了。按照历史记载，光绪是最后一位享用这个皇家园林的帝王。八国联军曾经到南苑里大肆抢掠。1901年《辛丑条约》签订之后，清政府为了支付赔款，开始出卖南苑的土地。猎场、行宫、庄园的辉煌就此成为往事，只剩下了众多的地名，比如南苑、团河、大红门、小红门、西红门、旧宫、鹿圈、角门、南宫、新宫、庑殿村、海户屯、东高地、鸭子桥、马驹桥、镇国寺、和义庄、瀛海、烧饼庄、三海子、四海子、三营门、大台子和三台山、晾鹰台等这些大多数人耳熟能详，又不知其渊源的地名了。近些年先后修建的南海子湿地公园、旧宫城市森林公园、旺兴湖郊野公园、东高地公园、三营门公园、南宫旅游景区、北普陀影视基地等等，都是处在曾经的皇家苑囿——南苑的属地之内。聊到这儿，用唐朝诗人王勃在《滕王阁序》中描写园林败落的几句话，来结束今天的话题吧。他是这么说的："呜乎！胜地不常，盛筵难再；兰亭已矣，梓泽丘墟。"

26. 中国第一台家用洗衣机的诞生

扫码听音频

本篇和各位聊的是中国第一台家用洗衣机的诞生。

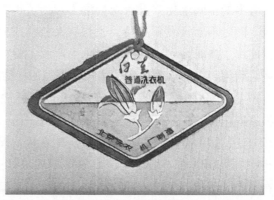

北京老话儿说:"咱得来点儿邪的。"意思是说,要出奇制胜。

20世纪70年代末,国家开始从计划经济向市场经济转型,工厂有了生产的自主权,很多工厂都在与原有产品相关的范围内寻找机会。而有一个正在生产车床、磨床、剪板机等加工机床的工厂,却另辟蹊径向生产家用电器转型,取得了出奇制胜的效果。这个工厂就是当年的北京五金机修厂。

1979年3月,北京五金机修厂制造出了我国第一台家用单缸洗衣机样机。你知道吗,这第一台洗衣机,是技术人员和工人师傅们凭着精湛的技艺,几乎是全部用手工制作完成的。又经过了反复试验和修改,很快定型,并且得到了相关部门和机构的认可。为了早日实现投产,全厂上下加班加点,没有人计较个人得失,仅仅用了不到的一年时间,就迅速建起了生产链,于1980年形成了批量生产能力。这就是红极一时的北京白兰牌洗衣机。

中国第一款家用洗衣机——白兰牌洗衣机，摆进了各大商场，工作人员的现场演示，引起了人们好奇的目光。但是常年使用搓衣板洗衣服的中国人，心里对这个新玩意儿是矛盾的，既有怀疑又有期待。有的老年人甚至断定，这东西又费水又费电的，没几个人会买洗衣机。但是更多的人，看着工作人员轻松地演示洗涤过程和洗干净的衣服，还是有些心动。很快，不但美观，而且特别实用的白兰牌洗衣机，迅速走进了千家万户。白兰牌洗衣机成了抢手货，销售部的门口总是有排着长队的顾客，一度不得不凭票限购。

1991年，北京洗衣机厂已经发展成为北京白兰电气公司。为了满足市场需求，他们在有限的空间里想方设法挖掘潜力。为了扩大产能，引进安装了多条流水线。同时不断开发新产品，还与航天材料研究所合作，率先在家电生产中，使用了当时最先进的外壳磷化生产线，使白兰牌洗衣机更加美观，更加经久耐用。白兰牌洗衣机成了畅销全国的优秀产品。

家用洗衣机产品进入中国人的视野，没有人再怀疑洗衣机的使用价值，洗衣机成为家庭生活的必需品，走入了千家万户。面对巨大的市场需求、良好的市场前景，国内众多厂商都开始生产洗衣机，国外厂商也借势进入中国市场。洗衣机品牌在不断增多，市场在短期内就迅速接近饱和，产品的销售量在下降，价格竞争造成的影响越来越大。红极一时的白兰牌洗衣机产销量不断萎缩，慢慢地就消失在了家电商品的大潮中。

眼见着高楼起，眼见着大厦倾。白兰牌洗衣机可谓是来也匆匆，去也匆匆。

27. 北京的中轴线

扫码听音频

本篇和各位聊的是北京的中轴线。

北京老话儿说："这个人真个色。"意思是说，某一个人特别与众不同。

北京这座古老的都城，是一项了不起的杰作。今儿我们就来聊一聊，与众不同又有点个色的北京中轴线。

北京中轴线是指老北京城的南北中心线，很多重要建筑都处在这条中心线上，北京古城具有沿中心线左右对称进行建筑布局的特点，就像一条对称轴。正是这些建筑，标注出了世界城市建设中，独一无二的北京中轴线。

北京的中轴线，南起永定门，北至钟鼓楼，直线距离长约7.8公里。景山公园居于明清北京城中轴线的中间，山上有五座亭子，居中的万春亭就位于中轴线上，是这条中心线的最高点。万春亭建于1750年，流光溢彩，黄琉璃筒瓦顶，绿琉璃筒瓦剪边，三层重檐，四角攒尖顶，内外两圈32根大红柱子，青蓝、碧绿色调的彩绘流光溢彩，一切都显示着皇家建筑的富丽堂皇，是皇家建筑的最高形式。万春亭这个名称，喻意是江山千秋万代。它与旁边四座亭子的里面，原来有五尊铜佛像，是酸、甜、苦、辣、咸"五方佛"。老北京人叫"五味神"。1900年八国联军入侵北京，除了万春亭中的佛像太大没搬动，其余四尊佛像都被抢走了，至今也不知下落。

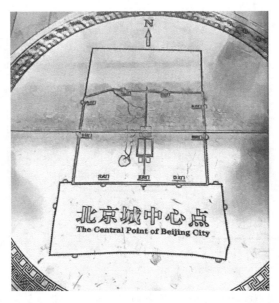

景山是观看中轴线的最佳地点。站在万春亭上向南北瞭望，一条直线，清晰地展现在眼前，一个个古色古香的建筑历历在目。向南望去，从最南端起，向北依次是永定门城楼、前门箭楼、正阳门城楼、天安门、端门、午门、太和门、太和殿、中和殿、保和殿、乾清门、乾清宫、交泰殿、坤宁宫、坤宁门、顺贞门、神武门。向北望去，从最北端起向南依次是钟楼、鼓楼和俗称后门桥的万宁桥，以及寿皇殿、寿皇门。

虽然在这条中轴线上的古建筑，有些我们现在已经见不到了，例如南边的永定门箭楼、中华门，以及北边的地安门。但是也增加了一些新的建筑。比如南面的毛主席纪念堂、人民英雄纪念碑。北面一直延伸到奥林匹克公园的鼓楼外大街，实际上就是一直向北的中轴路。它们都遵循着这条古老中心线的坐标。人民大会堂、中国国家博物馆、鸟巢、水立方，也是左右对称的，建在中轴线的两侧，为古老的北京城增添了新的风采。

独一无二的北京中轴线，除了它的壮观和久远的历史，还有一个不易察觉的独特之处，它和子午线并不是完全吻合的，也就是说这条中心线并不是正南正北的。

梁思成先生曾经说："北京独有的壮美秩序就由这条中轴线的建立而产生。"

28. 北京的中轴线为什么是偏的

扫码听音频

本篇和各位聊的是北京的中轴线为什么是偏的。

北京老话儿说:"这事儿还是真邪性。"意思是说,事情有点不正常。

在中国传统观念里,皇帝是坐北朝南君临天下的。而古都北京的中轴线,却不是正南正北,而是偏的。

今儿咱们就来聊聊这件不正常的事。

北京的中轴线偏离于子午线,是在人们掌握了先进的测量和制图技术以后才发现的。在20世纪50年代,北京的测量专家们就发现了这种"偏离"现象。由于偏差比较小,在普通的北京区划图、交通图、旅游图上又没有坐标线,一般人也感觉不到,几百年来也没人觉得它歪。

后来一位从事空中遥感摄影、地图测绘的专家夔中羽,要制作一张北京的全景鸟瞰图,当他把鸟瞰图与地理坐标重合后,十分清晰地看到,中轴线没有与子午线重合,而是向西偏离。这种现象出现在皇城,简直是不可思议的事。

作为王朝的都城,这条南北中轴线,为什么会偏离子午线?是从开始形成就是偏的,还是后来偏的呢?又偏离多少呢?是计算错误,自然原因,还是有意为之呢?一连串的问题吸引着他去寻求真相。夔中羽决定要弄个明白。元代时,北京城的中心点是在现在鼓楼的位置,中轴线和城池的地理位置,也都是以这个中心点来确立的。中轴线也应该是以这个中心为基点。明清两朝并没有做出改变。

于是夔中羽带着人来到刚刚复建完工的永定门,他们在甬道中央立了一根2米长的木杆子,用来测量永定门的子午线。测量准确后,又在地形图上选择了永定门、钟楼和地安门三点连线,经过精确计算,算出中轴线与子午线偏角是2度十几分。天文学专家认为,天文与自然现象与北京中轴线偏离不会有直接的联系。这么说，那就是计算错误了？可是中国古代，在天文、历法、数学等方面已经达到了相当高的水平，其他古城的中轴线并没有出现中轴线偏离的现象。况且主持元大都规划建设的刘秉忠和郭守敬都是著名的天文学家和数学家，对五行八卦也有很高的造诣，地理测量技术十分精准，他们主持修建的元上都的中轴线，正南正北，就十分精确。所以中轴线偏离不应该是测量错误。那么只有一种可能，就是有意为之了。

在中国地图上，将这条子午线向北延伸，就来到了一个意料之外、情理之中的地方——古开平。那里是元世祖忽必烈的发祥地，元朝的第一个都城——元上都。元朝当时是一个国家两个首都，元上都和元大都，也称为冬都、夏都。蒙古大汗忽必烈冬天到大都办公，夏天到上都办公。由此看来北京城的中轴线偏离子午线，还真可能是有意为之。

把北京城的中轴线稍稍偏离子午线，中轴线同时也是元大都和元上都的连线。这也可以算是巧夺天工了吧？

29. 为什么要重建永定门

扫码听音频

本篇和各位聊的是为什么要重建永定门。

北京老话儿说:"这东西,缺须短尾的,上不了台面。"意思是说,一件东西零部件不齐全,再好的玩意儿也是残品。

今儿我们要聊的永定门就是一个曾被丢失的零部件。

永定门寓意"永远安定"。自 1564 年建成后,北京中轴线的起点,就由正阳门延伸至了永定门,是北京城中轴线上的标志性建筑。城楼、箭楼以及瓮城、护城河,构成了永定门一组完整的防御建筑体系。同时取代正阳门,成为北京城新的正门。由此,最终组成了北京城长达 7.8 公里的壮观的中轴线。

让人遗憾的是,20 世纪 50 年代为了解决交通问题,永定门这组屹立了将近 400 年的古建筑,在一片争议声中被逐个拆除。北京中轴线的南起点再次退回到了正阳门。被引以为豪的中轴线,由于缺少了永定门,以及中华门、地安门等古建筑,成了一件残缺不全的宝贝。

进入 21 世纪,北京已经是一个高楼林立的现代化都市,而进入经济大发展时代的人们,却开始更加珍惜历史遗产。那条残缺不全的、被称为北京脊梁的中轴线，引起了各方的特别关注。几经权衡最终还是决定，重建中轴线最南端的永定门城楼。因为只有永定门城楼存在，才能恢复历史上长达7.8公里的北京城完整的中轴线，才能为未来的发展提供支撑点，才能更好地展示出新时代北京中轴线的壮观景象。

永定门是北京外城城墙的正门，是外城城门中规模最大的一座。要想重建这个城门，筹备建筑材料，特别是要寻找到明清时期永定门的旧材料，绝非易事。人们分头去古建筑材料仓库，去永定门附近的工厂、街巷仔细搜寻。这一顿奔忙，还真没白忙，人们在一个危险品仓库发现了大量的古城砖。向老人们一问才知道，这些砖正是永定门上的老城砖。原来，当年建设这个仓库的时候，正赶上拆除永定门，他们就用这些城砖修建了仓库的围墙。人们像得到了宝贝似的，大喜过望，于是这些嘉靖年间生产的老城砖，又重新砌在了永定门的城楼上。更让人又意外又惊喜的是，在寻找古建筑材料的过程中，居然在先农坛的一株古柏树下，发现了保存完好的明朝时永定门城门楼上的石匾。后来这块2米长的古老石匾，被放进了博物馆。复制的一块，则镶嵌在永定门新城楼上。

重建后的永定门城楼，沿着前门大街与北面的正阳门箭楼遥相对望。永定门城楼也名副其实地成为北京中轴线起点的标志性建筑，古都北京古老的中轴线得以再次完整地呈现在了世人面前。

人总是有更多期望的，期望有一天永定门箭楼也能重新出现。

30. 北京中轴线的北端点——钟鼓楼

本篇和各位聊的是北京中轴线的北端点——钟鼓楼。

扫码听音频

北京老话儿说："紧18、慢18，快慢相间108。"这说的是，老北京暮鼓晨钟报时用的鼓谱和钟谱。

钟楼和鼓楼始建于元代，曾经多次被大火焚毁，又几次重建。我们现在看到的鼓楼，是明嘉靖十八年（1539年）重建的，钟楼是清乾隆十年（1745年）重建的。

钟鼓楼南北相距100米，遥相对望。在没有钟表的古代，是京城的报时中心，用暮鼓晨钟为上至皇帝、文武百官，下至平民百姓的所有京城人，提供报时服务。

鼓楼原名齐政楼。它不但是报时中心，还是元大都的城市中心。据有人考证，鼓楼的基座就是在文献记载中有标记，后人又遍寻不见的元大都的中心台。

鼓楼的主要作用是由专门的值守人员，在白天通过察看太阳的位置来判断时辰，在晚上通过观察铜刻漏、时辰香，来确定时间。鼓楼上有一面

30. 北京中轴线的北端点——钟鼓楼

直径达1.4米的主鼓和24面小一点的鼓，刻漏指示的时间一到立即敲鼓。古时候，从现在的晚上7点起，到第二天早上，被划分为五更，一更相当于现在的两个小时。晚7点到晚9点是起更；晚9点到晚11点是二更；晚11点到凌晨1点是三更；凌晨1点到凌晨3点是四更；凌晨3点到凌晨5点为五更，这时候公鸡开始打鸣，天渐渐放亮，所以也叫亮更。这五更是专指夜间的，它对应着古代十二时辰中的戌时、亥时、子时、丑时、寅时。

钟楼的作用是报时。现在我们看到的钟楼，是清朝乾隆时期用砖石重建的，整个建筑只有挂钟的梁、架是木制的。钟楼上悬挂着一口明朝永乐年间的大铜钟，大约有63吨重，是中国现存最大的古钟。而且钟楼的建设者巧妙地利用建筑结构和建筑材料，使钟声在楼体内回旋，把共鸣、扩音和传声的功能发挥到了极致，使得钟声浑厚有力而洪亮绵长，在古代寂静的环境里，京城周边几十里都可以听到，堪称一绝。

鼓楼的主要作用是确定时间；钟楼的作用是报时。那他们是怎么联络，又怎么击鼓敲钟的呢？原来鼓楼上定时后，就有人白天用旗语，晚上用灯光向钟楼发出信号。钟楼接到信号立刻敲钟报时。击鼓敲钟的鼓谱和钟谱是一样的,先紧敲18下,再慢敲18下,重复敲击6遍,整整108响。这108响代表一年。因为一年有12个月、24个节气,5天为一候,全年72候,这些数字相加为108。

  京城的大街小巷夜间进行报时的更夫,他们敲击手中的梆子,随着钟声报时、巡夜。在没有钟表的时代,钟鼓声对老北京人的起居劳作是不可或缺的,文武百官四更要到午门朝房候着五更上朝,百姓劳作也都以此为度。

  1924年清朝最后一个皇帝溥仪离开了紫禁城。钟鼓楼延续了几百年的"暮鼓晨钟"也就此结束了它的使命。世世代代的老北京人就是在这"晨钟暮鼓"声中生生不息的。

31. 钟鼓楼的趣闻旧事

本篇和各位聊的是钟鼓楼的趣闻旧事。

扫码听音频

北京老话儿说:"吃胡萝卜尖,冒黄烟,一冒冒到鼓楼尖。"这是老北京童谣里的几句话。想起这几句,是因为我们要聊的钟鼓楼的趣闻旧事,就有一件鼓楼冒烟的真事。

这件事发生在1949年的夏天。那时候北京刚刚和平解放,解放军进城时间不长,人们还习惯于把解放军称为老八路。一天傍晚,人们发现,鼓楼楼顶西北角冒起了黑烟。无数的人抬头观望,都想看个究竟。就在这时,一个声音在人群中响起:"鼓楼冒烟,八路要颠。"人们左看右看,也不知道是谁喊的。但是这句话却传遍了四九城,一时间北京城里人心惶惶。为了打破谣言,政府派人乘云梯,再搭脚手架上去查看。事情的真相是:鼓楼西北角,有一片楼顶塌陷了,积了不少雨水,滋生了大量蚊虫。密集的蚊虫在夕阳的照射下翻滚飞舞,远远望去就像是冒起的黑烟。

这鼓楼时不常地就发生点邪性的事。还有一年,很多人都看到二层的楼檐角挂着一条蛇,摆荡着身体,追逐过往的雨燕。连续几天赶来围观的人,把附近的道路堵得水泄不通。人群中有各种版本的解说和猜测。政府只好派消防队,拿着大竹竿子上了鼓楼。消防员靠近了才发现,那东西根本就不是蛇,而是一根当时随处可见的草绳子,挂在那儿随风摆动。你说邪不邪,鼓楼那么高,那草绳子是怎么上去的呢?它怎么那么巧,就恰好挂在那儿呢?

咱们别光说鼓楼,再来聊一件钟楼的旧事。

钟楼里原来挂的是一口大铁钟。可是皇上觉得声音太难听,也不够洪亮,于是下令召集工匠重铸一口铜钟。3年过去了,这铜钟还没铸好,皇帝大怒,杀了监工的太监,限80天内铸好大钟,否则就把工匠都处斩。领头工匠叫华严,时间过去两个月了,这口铜钟却怎么也铸不成,铜水的调配和温度总是不对劲儿。皇帝给的期限就要到了,所有人都是一脸愁容。华严回到家也是唉声叹气的,再想不出办法,就要连累所有的工匠被处斩。他的女儿华仙姑娘看在眼里急在心上,暗暗下定决心,要帮助老父亲铸出铜钟。

规定期限前的最后一次铸钟就要开始了,华仙姑娘也悄悄来到铸钟厂。朝廷命官也到了,他们是成则报功,失败就杀人。工匠们紧盯着铜水,可炉温就是升不上去。眼见这最后一炉又要失败,华严急红了眼。就在这时,红鞋红袄的华仙突然从人群中飞奔而来,纵身往熔炉里跳去。华严去抓,只抓住了一只绣花鞋。那一刻铜水沸腾翻滚而起。华严含泪下令:"铸钟!"铜钟终于铸成了。从此每当大钟敲响的时候,总是带着"邪,邪"的尾音。老人们说:这是铸钟娘娘又在找她的鞋了。

如今在紧挨着铸钟厂胡同的小黑虎胡同里,还能找到纪念华仙姑娘的"金炉圣母铸钟娘娘庙"的残迹。

得嘞您呐,北京往事,咱们先聊到这儿吧。

32. 世界奇灾——北京大爆炸

扫码听音频

本篇和各位聊的是世界奇灾——北京大爆炸。

北京老话儿说:"这事真给我弄蒙了。"意思是说,事情发生了,却不知道为什么。

今儿我们要聊的这件事,不但所有中国人被弄蒙了,而且全世界的专家学者也同样被弄蒙了。因为这件事已经发生了快400年了,到今天为止,全世界仍然没有一个人能给出明确的答案。这未解之谜,就是发生在北京城里很少被人提及的一次大爆炸。

这次大爆炸发生在1626年5月30日上午9点,明朝天启六年的五月初六。当时记载最详尽的出版物《天变邸抄》这样描述这次奇灾:"巳时,天色皎洁,忽,有声如吼,从东北方渐至京城西南角,灰气涌起,屋宇动荡。须臾,大震一声,天崩地塌,昏黑如夜,万室平沉。周围十三里,尽为齑粉,屋以数万计,人以万计。所伤,男妇俱赤体,寸丝不挂……"

这篇文章说的是:这天太阳高照,晴空万里,突然从东北方向传来一阵隆隆的轰响。这声音逐渐向西南方向移动,带起了漫天的灰土,遮住了阳光,京城笼罩在一片黑暗之中。大地震颤,房屋倾倒,砖瓦门窗四处乱飞。许多大树被连根拔起。人畜、树木、砖石等被卷入空中,又随风落下,很多人被肢解,被砸死砸伤。蓄养大象的象房坍塌,象群四处奔逃。随后一声巨响,宣武门内的王恭厂火药库发生了爆炸。灾害的中心大致范围是现在宣武门内大街往西到二环路,北至西长安街。死亡2万余人。最后,一股烟云又轰鸣着向东北方向滚滚而去。

当时的官员分别是这样记述和报告那恐怖场景的:王恭厂一带,糜烂尤甚,僵尸层叠,秽气熏天。石驸马大街重约2 500公斤的石狮子飞出了宣武门外;长安街一带,不断从空中落下人头和残肢断臂;德胜门外落下的四肢更多。银钱器皿飘至昌平，很多衣服挂于西山的树梢上。大树居然飞到了密云境内。更加令人不可思议的是，死伤的人无论男女老幼，都是赤身裸体，衣物全无。这些记述听上去有些荒诞，但是这些记述都出自明朝当时民间报房为此次灾异专门编写的《天变邸抄》，以及当时的官员和史学家笔下，其真实性还是可靠的。事后明朝政府认为，是火药管理不当造成了爆炸，为意外事故。可古代使用的黑色炸药威力有限，就算火药厂储存的炸药全部爆炸，也不可能造成事发当天出现的种种奇异现象。

  由于这次事件，有声波，有震颤，有蘑菇云，有冲击波等种种特殊状况，因此，它的起因到底是什么，中外学者都在探讨和研究，几百年来也是众说纷纭。有人认为是地震引起的，有人说是火药自爆，有人认为陨石坠落，甚至有人认为是地下热核爆炸。但是每个观点都没有让人信服的证据。北京王恭厂大爆炸因为没有合理的解释，成为世界三大自然之谜之一，被称为"北京奇灾"。

33. 北京话怎么说人体的各部位

本篇和各位聊的是北京话怎么说人体的各部位。

扫码听音频

北京老话儿说:"前锛头,后勺子,酒糟鼻子倭瓜眼。"意思是说,一个人的前额比较高,脑后部突出,鼻眼独特。

各地有各地的语言特点,北京话也有自己独特的语言习惯。今儿我们就来聊聊,北京话是怎么说人体各部位的。

先来说说咱们这头部吧:

头,叫脑袋瓜,头顶那块头骨,叫天灵盖儿;

面部,叫前脸,头后部,叫后脑勺;

前额,叫锛头,叫脑门子;

脸颊,叫脸蛋,叫腮帮子;

嗓子,叫嗓子眼;

眼睫毛,叫眼遮毛;

眼睛,叫眼,眼珠子;

瞳孔,叫黑眼仁儿;

眼屎,叫眵目糊;

鼻孔,叫鼻子眼儿;

鼻屎,叫鼻涕妞儿;

耳孔,叫耳朵眼儿;

口腔里上腭,叫上膛,下腭,叫下牙床子;

牙缝儿,叫牙花子;

龋齿,叫虫吃牙;

下巴,叫下巴颏儿;

嘴,叫嘴叉子。

这些叫法在日常生活中的运用是什么样呢？是不是有点好奇？那我来给大家说说。

先来一句顺口溜："前锛头，后勺子，酒糟鼻子倭瓜眼。"

再来简单举几个例子：

"哎，您别摸小孩的脑瓜顶，他天灵盖儿还没长好呢。"

"我说，您早上脸都没洗吧？眵目糊还在眼犄角挂着呢。"

"喂，讲点卫生嘿，抠鼻涕妞儿还乱抹，可够恶心的啊。"

"您说您借个三头五百的我立马给您拿，张嘴就是几千，我这还真有点嘬牙花子。"

"我说，您是不是上火了？看您那眼遮毛都粘一块了。"

"您瞧那小子牛的，扬着个下巴颏儿，眼珠子还望着天，也不怕摔个大马趴。"

怎么样，北京老话儿有点意思吧？

34. 北京的烤鸭

本篇和各位聊的是北京的烤鸭。

北京老话儿说:"论烤鸭您还是得说便宜坊、全聚德,那才地道。"意思是说,这两家店烤鸭做得最好。

今儿咱们就聊聊,这烤鸭的前世今生。

北京的烤鸭有两种加工方法,一种是焖炉烤鸭,一种是挂炉烤鸭。便宜坊是焖炉烤鸭,全聚德则是挂炉烤鸭。两者是异曲同工又各有千秋。北京第一家烤鸭店便宜坊,是明朝迁都时由南京来到北京的。最初的菜名叫"金陵片皮鸭"。特点是鸭子不见明火,口感软嫩,鸭皮丰盈饱满。后来的全聚德采用挂炉烤鸭技术,用枣木、梨木等果木明火烤制,皮层酥脆,外焦里嫩,还有淡淡的果木清香,形成了独特的烤鸭风味。应该说,挂炉烤鸭和焖炉烤鸭，是北京烤鸭各具特色的两大流派。2008年6月，全聚德挂炉烤鸭技艺和便宜坊焖炉烤鸭技艺同时入选第二批国家非物质文化遗产名录。

烤鸭技艺传到北京后，就根据北方的口味、环境和资源进行了改良和发展。最明显的改变是，不再使用南方肥厚的湖鸭，而是采用更优质的品种北京鸭。说起这北京鸭，它可是咱们国家的农产品地理标志。北京鸭全身羽毛纯白，带有光泽，体型虽然大，但体型均匀雅观。前部昂起，背部宽平，胸腹丰满，肉质细嫩。这种鸭子喜冷怕热，冬天也能在河里坦然游弋。据说北京鸭的起源与潮白河有关。很久以前就有白河鸭、白蒲鸭的叫法。由于北京鸭在生长后期，采用填喂的方法育肥，所以又叫"北京填鸭"。这北京鸭，它可是比北京烤鸭在世界上出名更早。由于很多国家原有的鸭种大多肉质粗劣，带有明显的膻、酸味，烹饪、食用都比较困难，所以1873年，一个美国人就把北京鸭种带到了美国。同年，一个英国人也在北京郊区找到了北京鸭种蛋，送回了英国。然后是日本、俄罗斯等国家，先后从中国输入了北京鸭。从此外观美丽、肉质细嫩的北京鸭在很多国家安家落户，在国外大受欢迎。甚至北京鸭这个名字，都是首先从国外叫起又传回国内的。

现在北京有很多卖烤鸭的，以挂炉烤鸭为主，价格从三五十元到一两百元，相差很多。除了品牌的因素以外，也和鸭子的等级以及制作工序有很大关系。北京烤鸭讲究用5斤左右的新鲜鸭子，一只鸭子就要百元以上。而有的店用的是冷冻白条鸭，甚至有的店家用2斤左右的冷冻鸭，一只鸭子还不到20元。另外制作费用、人工成本、店面租金等都存在着成本差距。烤鸭质量更是参差不齐，想要吃到正宗美味又便宜的北京烤鸭，您还真得下点功夫。

正宗的北京烤鸭，用料精细，操作讲究，烤好的鸭子色泽枣红，油润发亮，皮脆肉嫩。用刀片成108片，趁热上席，拿过荷叶饼一揭两片，抹上六必居的甜面酱，再放点葱丝、黄瓜条、萝卜条，最后来几片带皮的鸭子肉，慢慢卷起来，往嘴里这么一送……得嘞，不说了。

35. 容易读错的北京地名

扫码听音频

本篇和各位聊的是容易读错的北京地名。

北京老话儿说:"听的就是这个音儿,要的就是这个味儿。"意思是说,习惯或者喜欢的那种生活氛围。

有人说,可以用北京的地名来考察一个人对北京的熟悉程度。因为北京的有些地名,如果你不开口,甚至不识字,都不会被发现你不是北京人。而初到北京,识字又会讲普通话的人,就难说了。比如见到"大栅栏"这个地名,他会字正腔圆地说:我要去大栅栏。如果身边有北京人,会立刻告诉你:哥们儿,刚来北京吧?那叫大十栏,不叫大栅栏。

类似的地名还有十里堡。十里堡的"堡",就是碉堡的"堡",在北京地名里,它念"铺"。潭柘寺,因为柘长得很像"拓"字,又因为不是常用字,有人会说,来北京一趟,我要去潭柘(tuo)寺上炷香。北京有一个胡同,名字是两个字:石头的"石",麻雀的"雀",但是北京人管这叫石(qiǎr)胡同。沙络(làr)胡同的络,其实是联络的络。钱粮胡同,叫钱(lòu)胡同,阜(四声)成门叫 fǔ 成门,还有"阜外医院""阜石路",等等。还有那著名的三里屯儿,你要是不带上儿化音,说一个三里屯,恐怕连老外都得笑话你。

北京话中,西苑、北苑、南苑的"苑"字都发二声。但是天通苑等住宅小区,大多数都是发四声。国子监(jiàn)的"监"和监狱的"监"是同一个字,但是不能读 jiān,也不能理解为狱。那可是中国元、明、清三代国家的最高学府。还有,读北京的地名还要注意断句,比如"东四十条",就千万别说成"东、四十条"。北京还有几个地名用的是专用字,不是本地人,往往不知道正确的读音,比如北京延庆区的妫(guī)

河,这个"奶"字还是远古的姓氏。再有,通州区有一个古老的地名叫潞(huǒ)县。这是个三点水加郭组成的字,除了附近一条河叫潞水以外,就再没有另外的使用记录了。

北京这些地名以及读音,是人们长期约定俗成产生的,体现出了不同时代当地的某些特点和习惯。北京作为几个朝代的古都,几乎每个地名都有它独特的内涵,很有必要去尽可能多地了解它们。

可笑的是,即使是老北京人也难免有说秃噜嘴的时候。早些年,坐公交车只需要几分钱,北京长安街上的大一路公共汽车,是从八王坟到公主坟。那时候的公交售票员手里都会拿着一个放车票的木板夹子。某一天的下午,在王府井车站,几位北京大姐刚刚逛完百货大楼,说说笑笑地上了车。车门关上,售票员就张罗着让刚上车的买票。几个人还在说笑着,一位大姐拿出一个五分的钢镚,随口对售票员说:到王八坟。话一出口周围立刻鸦雀无声,所有人都呆住了。还是卖票的北京大姐反应快,来了句"没这站",所有的人都哄堂大笑。

36. 红夷大炮和监狱

扫码听音频

本篇跟各位聊一聊红夷大炮和监狱。

北京老话儿说："你小子再不老实，就送炮儿局。"意思是说，不听话，就送监狱里去。

在北京城里，离喧嚣的雍和宫不远的地方，有一条很少有人注意的胡同，这里显得寂静，又有些陈旧。一段高大又略显沧桑的围墙和高高矗立着的炮楼，让人有种退避三舍、不可靠近的感觉。这里就是威名赫赫的炮局胡同，是北京人口中炮儿局监狱的所在地。人们用"又折进炮儿局了？""刚从炮儿局出来吧？"来代指进监狱和出监狱。

炮儿局不加儿化音，就是原来的名字炮局，是清朝制作火枪、大炮的地方，著名的红夷大炮就是从这里走向战场的。清朝末年洋人带来了更先进的火炮，而且价格还便宜，这炮局也就不再制造大炮，改成了监狱。虽然这里还叫炮局胡同，但是监狱的"威名"，要比炮局的名头大多了！在岁月的撮合下，炮局和监狱这两个不同的概念，最终竟然奇妙地融合在了一起，成了北京人口中的炮儿局监狱。

炮儿局监狱不断地被后来的政权接管，继续作为监狱使用，还曾经是日本人的"劳工中转站"。民国时期叫"北平陆军监狱"，也是臭名昭著的"炮局胡同21号"，是国民党关押和折磨共产党人和革命志士的"魔窟"。中华人民共和国成立后，这里成为北京市公安局的拘留所。一百来年里，炮儿局监狱也不知道关押过多少形形色色的人。其中有著名的革命者，有抗日英雄，也有汉奸卖国贼、流氓恶霸。抗日英雄吉鸿昌被关押和牺牲在这里。革命家安子文、薄一波等人也曾经被关押在这里。

抗战时期，北京十大汉奸之首王克敏被关押在这里，后畏罪自杀。包括鲁迅先生的弟弟周作人在内的日伪政权华北政务委员会的主要人物，都曾经被关押在炮局监狱里。抗战胜利后，这里还关押过臭名昭著的女间谍川岛芳子。

中华人民共和国成立以后，这里仍然是监狱，也曾经是北京市公安局著名处室的办案地，是犯罪分子闻之色变的地方。炮儿局监狱的威名成为震慑犯罪活动的利器。

北京话里的"老炮儿"，是一个曾经远离人们视野的词汇。一部电影又把它翻了出来。其实，"老炮儿"这个词原本就跟炮局有关。因为炮儿局是看守所，是监狱，所以老炮儿有"老进炮局"的意思。当然，现在的人们是老词新用，又赋予了它更多新鲜的含意。

作为历史遗存，现在我们在炮儿局胡同还能看到炮局监狱比较完整的围墙和如今这个年代难得一见的炮楼。

37. 北京的鬼市和簋街

扫码听音频

本篇和各位聊的是北京的鬼市和簋街。

北京老话儿说:"黑灯瞎火的别出去乱跑。"意思是说,天黑了出去不安全。

今儿我们聊的北京鬼市古已有之,而簋街则是改革开放的创举。所谓"鬼市",是民间自发形成的,半夜三更开张,天蒙蒙亮就停止交易的市场。在老人们口中,鬼市经营的是各种旧货古董,品种多到超出你的想象。真真假假,鱼龙混杂,无奇不有。你可能以极低的价格淘到宝贝,也可能上当受骗。所以老北京人说去鬼市,得说"蹚鬼市"。

老北京鬼市,从黄昏到拂晓,有晚市、夜市、早市之分,因为早市是日出停止,所以也叫晓市,后来才都变成了夜市。夜市被文雅地统称为小市,比较有名的有西皇城根小市、朝阳门外小市、德胜门外的北小市、崇文门外的东小市,等等。出摊儿的人谁来得早,谁先占地方。地下铺垫点东西摆上货物,油灯捻都调到最小,也不吆喝,就在那静静地等待顾客。

旧时的北京城里,有很多摇着拨浪鼓走街串巷收旧物的,老北京人管他们叫打鼓的,他们把白天收到的东西在这出售,是这鬼市里摊主的主要组成部分。鬼市的摊主中,也有没落的贵族、小商小贩、官府大户的家贼,更有盗墓者、小偷和做假的高手。形形色色,鱼龙混杂。鬼市里人员复杂,各种物品便宜实惠。有珍奇宝贝,也有假货蒙人,鱼目混珠,来路不明,全凭眼力和运气。因此,鬼市有个默认的规矩叫三不问,不问来源、不问真假、不保质量。钱货两清后,就互不认账。

近些年,号称传承老北京鬼市地摊文化的大柳树鬼市,名气越来越大。每周三的凌晨,夜幕中,人来人往,人影绰绰。几乎人人一个小手电,在密集的摊位间,搜索自己的最爱。鬼市甚至成了旅游攻略上北京的"必游景点"。北京的夜里总有你想要的精彩。位于东直门内的簋街也是以夜晚最为热闹。簋街原叫"鬼街",虽然有一个鬼字,但是这里却是灯火通明,到处散发着各种美食诱人的香味。这里是京城美食集中地,会让你感受到北京夜生活的另外一种魅力。

20世纪80年代初,这里由几个小餐馆自发形成了小夜市,如今已经聚集了近200家餐馆,白天顾客不如晚上多,到了晚上顾客盈门,排队等坐。夜晚想寻求快乐的人们,都会选择在这里通宵聚会,喝酒、聊天,放纵地大哭大笑,偶尔会有鬼哭狼嗥的感觉。正是这种夜间营业的特点,才有了"鬼街"的称号。后来政府加强了管理,总觉得闹鬼的"鬼"不太文雅,就在字典里找出了现在这个专指青铜器的簋字。原来的鬼街,就变成了现在的簋街。

38. 国产越野车北京 212

扫码听音频

本篇和各位聊的是国产越野车北京 212。

北京老话儿说:"谁有也不如自个儿有。指谁也不如指自己个儿。"意思是说,依靠自己才是最可靠的。

20 世纪 60 年代,中国首款军用越野车北京 212,在北京汽车制造厂诞生。现在有人说 212 就是垃圾。这些人显然是不了解这款越野车诞生的历史背景,也不知道这款车曾经为国家做出了多大的贡献。今儿就来聊聊这款越野车吧。

1960 年,曾经研制新中国"井冈山"牌小轿车的北京汽车制造厂,接到一项军工任务,研制新中国第一款军用越野车。那时候,因为西方国家对我国实行封锁,中国几百万军队使用的军车,除了我国的解放牌卡车以外,大多数是战争年代缴获的汽车,以及从苏联等社会主义国家进口的汽车。随着中苏关系恶化,军车更是没有了保障。自己制造军车,尤其制造指挥车就显得更加紧迫。军队提出的要求是,这款车首先是军用指挥车,同时又要具有防化学、防原子、防生物武器和牵引火炮等多种功能,特别强调越野性能和通过性要好。为满足战场环境,车身要小要窄,重量要轻,要能涉水,动力性不能低于美式吉普。还要结构简洁,维护简便,驾驶简单,经济实用。工人和技术人员在一穷二白的情况下,决心要自力更生、艰苦奋斗制造出中国的越野车。凭着刻苦钻研、奋勇拼搏的精神,在借鉴国外越野车的基础上,很快制作了三款样车。经过有关部门严格筛选和试验,1966 年北京牌 212 越野车终于定型投产。北京人管他叫北京 212 或者北京吉普。北京 212 越野车一经推出,就红遍大江南北,跟随着解放军跑遍了祖国各地。"两弹一星"发射、唐山抗震救灾、长江抗洪,都有这款国产越野车的身影。当年唐山大地震时,第一个来向党中央报告灾情的人，就是开着北京 212，穿过灾区到达北京的。在天安门历次阅兵和重大庆典活动上，北京 212 作为检阅用车、方队引导车、兵器运载车，每次都会出现。随着产量的增加，在轿车供应不足的年代，北京 212 也曾作为轿车的替代品，配备给县处级官员，再后来，更是被越来越多的机关企事业单位使用。北京 212 驰骋在祖国大地的每一个地方，风靡一时。

时代在发展，技术在进步，国家在强盛。60 多年来，北京 212 也在不断地发展和进步，近些年在国际长距离越野赛中，屡屡夺得冠军。

正是谁有也不如自个儿有。指望谁也不如指望自己个儿。在那艰苦创业的年代，解放卡车、红旗轿车、北京 212 吉普车、北京 130 货车、上海牌轿车、南京跃进卡车等国产汽车，从无到有，从弱到强，支撑起了国家建设的需要，而北京 212 又是其中生命周期最长的产品之一。

39. 北京的那些古城门

扫码听音频

本篇和各位聊的是北京的那些古城门。

北京老话儿说:"老猫房上睡,一辈传一辈。"意思是说,有些习惯是代代相传的。

就比如有些建筑,早已经不存在了,但是一代又一代的人,还是习惯性地努力记住它们。会城门就是这样。它是金中都城北城墙上的一座城门,已经消失了 700 多年。但是会城门这个名称,带着那个门字,作为地名完整地保留到今天。至今还有会城门村、会城门社区等名称。近些年又恢复了一个完整的城门名——地铁 14 号线的景风门站。而一些老城门大多只保留两个字了,比如丽泽门,现在叫丽泽桥、丽泽学校等。

更早一点的,辽代南京城的开阳门,现在也没有门字,只有开阳小区、开阳桥。而且这开阳桥,还不在二环路与开阳门对应的位置上,那个位置被明朝的右安门后来居上占用了,只好挪到了东边。

元大都北部被明朝废弃的老城门——健德门、安贞门、光熙门,也留下了自己的印记,这些城门现在的名字是:八达岭高速的健德桥、北三环上的安贞桥、地铁的光熙门站,以及元大都遗址公园里的硕果仅存的元代城门肃清门。说到城门,咱们索性就来了解一下,辽代以来北京的 72 座老城门。

辽南京城有 13 座城门:外城 8 门,安东门、迎春门、丹凤门、开阳门、清晋门、显西门、通天门、拱辰门,宫城 6 门,宣和门、子北门、南端门,南门两侧还有左掖门和右掖门两个小门,西面则与外城共用显西门。

金中都有 17 座城门:丰宜门、景风门、端礼门、阳春门、宣耀门、施仁门、丽泽门、灏华门、彰义门、通玄门、会城门、崇智门、光泰门,宫城还有4座门，应天门、宣阳门、左掖门、右掖门。

　　元大都15座城门：健德门、安贞门、光熙门、崇仁门、齐华门、文明门、丽正门、顺承门、平则门、和义门、肃清门，宫城记载的有东华门、西华门、左掖门、右掖门。

　　明清北京城有27座城门：内城9门，正阳门、崇文门、宣武门、安定门、德胜门、朝阳门、东直门、阜成门、西直门。外城7门，永定门、左安门、右安门、广渠门、广安门、东便门、西便门。皇城4门，天安门、地安门、东安门、西安门。宫城4门，东华门、西华门、午门、神武门。天安门前还有长安左门、长安右门和中华门。

　　水关门、和平门、建国门、复兴门可不是北京的老城门，而是1901年后，在城墙上掏出的洞或扒开的豁口。除了建国门外其他3个都曾经安装过简陋的大铁门。

40. 你不知道的北京水关门

本篇和各位聊的是你不知道的北京水关门。

扫码听音频

北京老话儿说:"吃面不搁醋,炮打西什库;吃面不搁酱,炮打交民巷。"这说的是当年义和团的两个攻击目标。

这里说的交民巷是现在的东交民巷,而您可能从来就没听说过的这水关门,就处在这东交民巷南边的城墙上。这是明清城墙上被掏出来的第一个窟窿。掏出这第一个窟窿,又把它改为城门的,还是外国人。

这件几乎被遗忘的往事,是这样发生的:1900年八国联军攻打北京城。英国军队从广渠门攻进北京城后,发现里面还有一道坚固的内城墙。于是拼命地攻击正阳门和崇文门,由于守军顽强抵抗,一时无法攻克,他们就派出印度兵,沿着城墙寻找突破口。结果,在正阳门和崇文门之间,发现了设置在河道上的水关。印度兵跳入河道,砸开了水关的铁栅栏,冲进了内城,北京城就此彻底沦陷。

1901 年，清政府签订了《辛丑条约》，允许各国在使馆区设置军营驻军，使馆区的面积比原来扩大了 20 倍，占据了南起内城墙，北到东长安街，西至天安门广场东侧路，东到崇文门大街的地域。为了不用受正阳门、崇文门城门的管制，他们把穿过城墙的河道改成暗沟，在城墙的墙体上凿开一个洞，城门就建在原来的水关上，成为东交民巷的南门。门上还挂了一块匾额，上面用中文写着"大英国门"。后来可能是觉得不好意思了，到 1905 年，又换了一块写着英文"WATER GATE"的匾额，意思是"水门"。门洞安装了两扇大铁门，门外设置岗亭，由英国士兵持枪把守。就这样，这一大片京城国土，成了外国人控制的独立王国。这个门洞是北京内城城墙第一次被拆开一个口子，也是中国政府第一次失去了对京城门户的控制。

这个被外国人在中国都城的城墙上拆出来的城门，就坐落在如今的正义路南口。外国人管他叫"大英国门""水门"。也许是为了记住外国人是从这里进的城，也许是对侵略者的敌视，老北京人一直称这个门为"水关门"。

现在的正义路绿化带下面就是曾经的老河道。这还是北洋政府时期把它改成暗河的，河岸两边还改成了平整的大马路。1965 年，这水关门随着南城墙一起拆除了。

41. 北京故宫大盗

扫码听音频

本篇和各位聊的是北京故宫大盗。

北京老话儿说:"这是让贼给惦记上了。"意思是说,家里有好东西,又经常有人来窥探。

北京故宫里有无数珍宝,是一个最容易被贼给惦记上的地方。虽然故宫有严密的保护措施,但是仍然有盗贼前赴后继地去盗宝。在过去的60多年里就发生了7次。他们如此大胆,是会飞檐走壁,还是轻功绝顶?今儿咱们就聊聊这几个进入故宫行窃的大盗。

这第一个大盗名叫武庆辉。1959年8月15下午4点,武庆辉在珍宝馆附近的一个公厕里躲了起来,3个小时后,听着外面没什么动静,就溜出来直奔养心殿。他发现门上了锁,想都没想对着门上的玻璃就是一脚,然后迅速隐蔽观察。这时候他已经做好了逃跑的准备。让武庆辉感到意外是,眼看着天都快黑了也没人来。于是,他进了大殿,偷走了8页金册、5把宝刀。然后呢,然后他带着偷来的宝贝出了故宫回家睡觉去了。从此武庆辉成了传说,什么轻功绝顶,什么飞檐走壁,传得是神乎其神。其实呢,他就是从山东寿光来北京探亲的一个普通农民。那时候技术不发达,故宫的安保措施也不那么严密,致使他一个菜鸟盗贼用最粗暴、最简捷,也最有效的方式,成功盗取了宝物。当然,最后他还是在准备逃出北京的时候,在火车站被抓住了。

第二个大盗叫孙国范,这是一个真正的大盗。从民国一直偷到了中华人民共和国。1962年,他到了故宫,也是藏在厕所,打碎玻璃,然后进入大殿,拿起宝物就跑。但是很快他就被发现了,被安保人员围追堵截。孙国范背着个袋子就上了房,但是他跑不快,因为他太贪了。结果背着一大袋子沉重的金碟金碗,还有两个大金印,被当场抓获。

1980 年第三个大盗陈银华，第四个大盗韩吉林，先后来到故宫，他们的目标都是"珍妃之印"。因为有了红外线、声波等多重防盗措施，俩人刚一动手就被就发现了，先后被抓住。1987 第五个大盗向德强，连门还没打开就被擒获。

2011 年故宫来了一个据说是《水浒传》里那个时迁的嫡系后代，名叫石柏魁的大盗。5 月 8 日晚上，值班人员发现了一个可疑的男子。在盘查并向上级报告时，男子却突然逃跑。所有值班人员、警察、武警找了一个晚上，却踪迹全无。原来瘦小的石柏魁在夜色中上了房顶，又上了城墙，从近 10 米高的城墙上跳下去。排查展馆后发现，斋宫有 9 件展品失窃。石柏魁不只是偷成了，而且成功脱身。但是仅仅过了 3 天，石柏魁就被抓获归案。

遗憾的是，1991 年还有人偷走了故宫的 5 枚东晋印章，至今不知道是谁干的，也不知道印章的下落。

42. 天安门国旗升旗仪式的那些讲究

扫码听音频

本篇和各位聊的是天安门国旗升旗仪式的那些讲究。

北京老话儿说："一行有一行的规矩，那叫讲究。"意思是说，无论干什么事都要遵守规定和程序。

首先咱们先来更正一个被广泛传播的误传，说天安门升国旗的高度必须是 28.3 米，代表从中国共产党创建，到中华人民共和国成立，时间为 28 年 3 个月。虽然这个解释表达了人们对斗争岁月的敬仰，但事实并非如此。事实上开国大典时使用的旗杆高度是 22.5 米，并且这根旗杆一直使用了 41 年，直到 1991 才换成现在高 30 米的旗杆。而国旗法明确规定国旗要升到旗杆的顶端，可见出现 28.3 米高度的可能性很小。

下面咱们接着聊天安门升国旗仪式的那些讲究。

国旗护卫队从天安门行进到国旗杆基座下，要准确行走 138 步，其中要按照每一步 75 厘米的步幅，分毫不差地正步行进 96 步，刚好代表着我国 960 万平方公里的土地。

升旗必须在 2 分零 7 秒内完成。国歌完整演奏一遍的时长为 46 秒，因此，在天安门升旗仪式上国歌要演奏 3 遍。这是从太阳上边缘与天安门广场地平线相平，到下部边缘升到地平线的时间。确保国旗分秒不差地与太阳一起升起。另外，天安门广场升旗时间是北京天文台根据北京的日出日落时间推算的时间表来确定的。一年中，每天都不一样，最早是在凌晨 4 时 46 分，最晚是 7 时 36 分，随着季节的变化每天相差 52 秒至 60 秒不等。

其实从 1949 年毛泽东主席在开国大典上升起第一面五星红旗开始，天安门广场的国旗升旗仪式经历了逐步完善的过程。最初天安门广场上不是每天升国旗，只在重要节日、重要国事活动时才会升国旗，也没有确定的升降旗时间。说起来你可能都不信，1949 年 10 月到 1976 年 6 月的 27 年里，天安门广场的每次国旗升降都是由一名供电局的工人师傅单独完成的。后来接替他的是北京卫戍区的战士。升旗手改为2人。每天2名战士扛着国旗从天安门并排前行，过长安街时还得给过往的汽车和自行车让道。1982年，武警部队开始担任天安门广场升旗和守卫任务。升旗手由原来的2人改为3人。到了1991年全新的国旗升旗仪式亮相，36名身着戎装的国旗护卫队和62人组成的军乐队以国旗为先导，在《歌唱祖国》的军乐声中，行进至国旗杆基座列队，升旗仪式开始。这时候，天安门广场才有了真正具有仪式感的庄严隆重的国旗升旗仪式。

2018年1月1日起，解放军仪仗队和军乐团开始执行天安门广场的升国旗任务。他们通过继承和创新，在升旗仪式中用庄严肃穆、精彩震撼的氛围，挺拔的军姿，威武的气势，彰显着祖国的尊严，激励着每一个中国人。

43. "可怜天下父母心"的出处

扫码听音频

本篇和各位聊的是"可怜天下父母心"的出处。

北京老话儿说:"可怜天下父母心。"意思大家都能理解,就不多说了。

很多人可能会问,"可怜天下父母心"这句话,全国各地的人很久以来都经常使用,怎么说是北京老话儿呢?

今儿咱们就聊聊这句话的由来和出处。

"可怜天下父母心"是一首四句诗中的最后一句。

完整的四句诗是:

> 世间爹妈情最真,
> 泪血溶入儿女身。
> 殚竭心力终为子,
> 可怜天下父母心!

这首诗并不是很工整,甚至在有些人看来,根本就算不上诗,是高级点的顺口溜。但是诗中表达出的真情实感,直白又真挚地表达了父母之于子女的恩情。他们为了孩子操心受累,孩子可能还不领情,甚至由于排斥和抗拒,产生所谓的逆反心理,但父母们仍然会无怨无悔地付出。诗中短短四句话,将天下父母的心路历程描写得真真切切,读来令人不禁感叹父母之爱的深邃博大,感悟到人世间唯有父母的亲情最为真挚。"可怜天下父母心!"这一句话,言简意赅,打动了人心的最深处,让人感同身受,因而广为流传。

其实,这首诗是 150 年前,由一个北京人写于北京的。这个人叫叶赫那拉·杏贞，也就是那个大名鼎鼎的慈禧太后。这首诗是她送给母亲六十大寿的贺礼之一。没想到吧？很意外那个工于心计、嗜权如命、三度垂帘听政，顽固保守又凶残跋扈，统治中国长达47年，为了维持封建统治，与列强签订了一系列不平等条约，使近代中国积贫积弱、任人宰割，被国人恶评如潮的慈禧，能写出这么感情真挚、人情味十足的诗句吧？事实上慈禧不但作了这首诗，还亲自书写，精装细裱后送给了母亲。这幅书法作品在她的娘家传了几代人，最后毁于"文化大革命"时期。

　　据说，这首诗是慈禧传世的唯一的一首诗词作品。也许在写这首诗的那一刻，已经为人妻、为人母，又经历了权力巅峰的风风雨雨，慈禧，作为一个女人、一个女儿、一个母亲，才百感交集，发自内心地倾诉出了这首真情流露、彰显着人性光辉、引起天下人共鸣的诗吧？

　　怎么样，这算是真正的北京老话儿吧？

44. 502 胶水的故事

扫码听音频

本篇和各位聊的是 502 胶水的故事。

北京老话儿说:"瞧这俩人好的,整天黏一块儿。"意思是说,两个人就像是被胶粘住似的,形影不离。

我国的第一款快速胶黏剂 502 胶水的故事,是从一盘电影胶片开始的。这盘电影胶片是从抗美援朝的战场上带回来的,里面有一段美军救护受伤士兵的场面,卫生兵把一种液体喷洒在受伤士兵的伤口上迅速止血。这种能挽救生命的神奇液体,引起了中国科学家的关注。通过查找有限的资料,人们推测这种液体很可能就是在国外被称为"超级胶水"或"快速胶水"的一种胶黏剂。

这种胶水最初是由美国化工博士哈里·韦斯利·库弗于 1942 年偶然发明的。当时,他和助手是在试验制造瞄准镜的新材料,结果因为这种材料凝固太快,不得不放弃了。后来,这种材料作为固定枪械器件的黏结剂,被带上了第二次世界大战的战场。士兵们发现了黏结剂凝固速度快的特点,就用它来临时黏合伤口抢救伤员,因为能迅速止血,所以挽救了很多士兵的生命。也因为这是士兵们发明的战场小窍门,黏结剂的这种使用方法并没有引起外界的关注。

直到1958年伊士曼·柯达公司才发现了这种黏结剂的商业价值，先后以"伊士曼910"，以及"超级胶水""快速胶水"等名称投放市场。后来乐泰公司获得了许可，推出了乐泰快速胶水404。一时间这种黏结剂成了无所不能的万能胶。

而在这个时候，我国现代胶黏剂的研发还是一片空白，西方国家的技术封锁使中国很难获得先进的产品和技术，只能靠自己的努力，去不断地填补空白。为了满足国家发展的需要，中国迫切地需要属于我们自己的快速胶黏剂。当时位于北京中关村的中国科学院化学研究所承担了攻克难关的重任。科研人员从零开始，用了好几年时间，经过几百次试验后，终于在1964年制作出了一款命名为KH502的速干胶水。又经过无数科学家的不断改进和完善，其韧性、耐高温以及固化速度等性能都有了很大的改善，被广泛应用于生产、生活的方方面面。502在中国可以说是家喻户晓、人人皆知。紧接着科学家们又研制出了专门用于外科手术和伤口愈合的医用胶水。

虽然502的大名人人皆知，但是很多人并不知道它为什么叫502。有人说这种胶水是通过502次实验才成功的，所以叫502；也有人说是按照化学成分来命名的。其实事情没那么复杂，全称KH502的胶水，KH代表的是中科院化学所，502更是简单质朴，它真实的含义是当初研制这款胶水的那间实验室的房间号。

45. 从北京走失的北京人头盖骨

本篇和各位聊的是从北京走失的北京人头盖骨。

扫码听音频

北京老话儿说："好么当的，怎么就没影了呢？"意思是说，不知道为什么，东西就找不到了。

从1929年12月，考古学家在北京房山周口店发现第一个北京人头盖骨起，到1936年，这里总共出土了5个完整的古人类头盖骨。全世界没有哪一个古人类遗址像周口店这样，拥有众多完整的从猿演化到人阶段的古人类化石。作为从猿演化到人的中间环节的实物证据，验证了达尔文进化论的正确。北京人头盖骨化石被称为"古人类全部历史中最有意义、最动人的发现"，是公认的无价之宝。

可惜的是，1941年12月，北京人头盖骨以及一批国宝级化石资料，在从北京运往美国的过程中神秘地失踪了。这些无价之宝至今下落不明，成了憋在中国人胸中一口吐不出的恶气。那么，存放在北京的5个北京人头盖骨为什么非要运送到美国去呢？又是怎么弄丢的呢？事情是这样的：

1937年7月7日，卢沟桥事变爆发，日本开始了全面侵华战争，周口店发掘出来的这些珍贵的头盖骨，放在哪儿都让人觉得不够安全。思来想去，美国人开办的协和医院成了最好的避风港，北京人头盖骨因此被存放到了北京协和医院。随着战事的不断恶化，人们预感到协和医院也不保险，于是决定运到美国暂存。中方人员胡承志接到命令，将5个完整的头盖骨化石进行复制，复制品留在国内，实物编号造册在两个大木箱里放好，随时准备运走。1941年12月5日，美国军医威廉·弗利把两个木箱子以私人行李的名义，从前门火车站装车发往秦皇岛的美国军营，然后再搭载客轮送到美国。这两个木箱子在8日上午抵达秦皇岛，万没想到就在前一天，日本人偷袭了美国的珍珠港，8号这天太平洋战争就爆发了。负责护送两个木箱子的美国海军陆战队全部成了日军的俘虏，被押送到了天津。北京人头盖骨在混乱中踪迹全无，从此消失。

日军占领协和医院后，抓捕了裴文中、胡承志等接触过头盖骨的人进行拷问，要他们交出头盖骨，自然是一无所获。日本投降后，中国派人去日本寻找，也没有找到。

后来联系到那个美国军医威廉，他说将化石交给了天津的两个朋友，而两个人却说从未接收到化石。尼克松访华时告知中国，头盖骨化石很有可能在沉没的"阿波丸"号货轮上，并提供了沉船坐标。中国打捞了数年也没发现有头盖骨。再后来一个将死的侵华日军说，当年他奉命将头盖骨藏在了北京日坛的一棵树下，并做了标记。人们找到了那棵树，也确实看到了标记，但是把土挖开，却什么都没找到。

消失的北京人头盖骨化石成了乱世的牺牲品，与纳粹宝藏等一起，成为第二次世界大战五大未解之谜中的一个。

46. 被人遗忘的国家任务

扫码听音频

本篇和各位聊的是一项被人遗忘的国家任务。

北京老话儿说:"这人太拧,整个就是一根筋。"意思是说,有的人非常固执。

今儿要说的这个固执的人叫车洪才,他在任务被人遗忘、没有经费的情况下,历经34年完成了一项国家任务。

事情的来龙去脉是这样的:1978年,国家指定商务印书馆组织出版多种中外文词典,因为车洪才教授曾经到阿富汗专门学习过普什图语,又在阿富汗工作过,还是国内教授普什图语的专家,所以编写《普什图语汉语词典》的任务,就正式下达给了车洪才。

这普什图语是阿富汗的民族语言,是真正的小语种。车洪才信心十足,下决心要打造出一本优质的词典。他要求调来以前的学生宋强民做助手,又邀请曾经一起在阿富汗学习的老同学张敏过来帮忙。就这样在北京广播学院一间小办公室里,他们开始执行国家给予的任务。

为了使每个词汇都翻译准确,车洪才在理解原词含义的基础上,又找来各国的词典参考,反复校对。为了保存翻译好的词条,他们找到印刷厂,用下脚料做成小卡片,把词条工整地写在上面。三个人分工协作,有人译单词,有人抄卡片,3年的时间,整理出了10万张卡片。马上要看到胜利的曙光了,但是一纸调令却打断了编写工作。车洪才无奈地将整理好的卡片锁进了文件柜。接下来一个接一个的调令,让这些卡片一锁竟然就是20年。无论身在国内还是国外,他最惦记的就是柜子里的那10万多张卡片。一次,他回单位办事,发现那个柜子不在了,他发了疯似的四处寻找,终于找到了残破的柜子和散落在地上的卡片。他含着眼泪捡起卡片擦干净,把全部卡片运回了自己家中。

1992年车洪才作为外交官再次来到阿富汗,他庆幸自己又有机会为词典搜集资料了。但是几年后回国,他才发现单位领导已经换了好几拨了,没人再提起那个国家任务了。苦闷的车洪才决定退休将词典编完。可是退休还不到一年,车洪才又被召回校园继续工作,直到72岁停止授课,才终于自由了。虽然30年里没人催问他的任务,他却固执地认为既然接受了任务那就得完成。当年的助手已经去世,车洪才找来同样年迈的张敏,在家里继续完成这项国家任务。经过一番努力,他们终于完成了有5万词条、250多万字的《普什图语汉语词典》。2012年的一天,年近耄耋之年的车洪才带着稿件来到王府井商务印书馆,对接待人员说:"我完成了国家交给我的任务,我是来交稿的。"可是在这里,竟然也没有人知道这件事了,最后还是在档案室里,才找到了34年前的那份任务书。

47. 一个逃逸的骑车人

扫码听音频

本篇和各位聊的是一个逃逸的骑车人。

北京老话儿说："您蹽这么快干吗？家里着火了？"意思是说，走得快，跑得快，好像有什么急事似的。

1997年夏天的一个傍晚，在北京一条不宽的小路上，就来了这么一个蹽得飞快的年轻人。他骑着自行车，左闪右晃，潇洒地躲避着行人。可是车速还是太快了，一个不小心就撞倒了一位老人。眼见事情不妙，这个年轻人马上以更快的速度逃离了现场。

逃逸的年轻人不知道，被他撞倒在地的老人叫王淦昌。

这一年王淦昌整整90岁。1930年，他从清华大学毕业后，前往德国留学。这位勤奋的学者在物理学研究领域，取得过辉煌的成就。他27岁取得博士学位后，放弃了国外优越的条件，返回了祖国。为了祖国的强大，在战火连天的环境下，潜心于教育和科研事业。1942年，他提出了一个验证中微子存在的实验方法，论文发表在美国《物理评论》杂志上，轰动了世界，成为"王－阿伦方法"的首创者。

中华人民共和国成立后，他进入了中国原子能事业的发端地——中国原子能研究院。在这里，他带领的研究小组发现了反西格马负超子，使人类对微观物质世界的认识前进了一大步。为此王淦昌收到了来自世界100多个研究所的贺电，受到了各国物理学家的推崇。然而不久之后，备受国际物理学界关注的王淦昌，却突然从人们的视线中消失了。原来，50多岁的物理学家王淦昌化名"王京"，秘密受命主管中国核武器的研究和试验去了。他为了制造出中国的原子弹、氢弹和卫星，消失了整整17年。我国"两弹一星"的成功，奠定了中国的大国地位。王淦昌为此做出了不可替代的卓越贡献，是"两弹一星"主要元勋之一。

步入老年的王淦昌也没有停止探索的脚步,又与其他科学家一起,关注原子能的和平利用,先后提出了自力更生发展我国核电事业的思路和《关于跟踪研究外国战略性高技术发展的建议》,促成了国家"863 计划"的诞生,开创了中国高新技术发展的新局面。谁也没有想到,这样一个国家的大功臣,却在 90 岁高龄时,意外地被自行车撞得腿骨骨折。沉重的撞击使王淦昌的身体更加衰弱,一年后在病榻上与世长辞。

王淦昌走了,当年那个冒失的骑车人却从来也没有出现过。想来他应该永远也不会忘记,那个被自己撞倒躺在地上的老头。不知道那个如今应该已经过了不惑之年的他,是庆幸当年自己跑得快,还是懊悔自己的逃避?抑或是当真心大,忘记了一切?

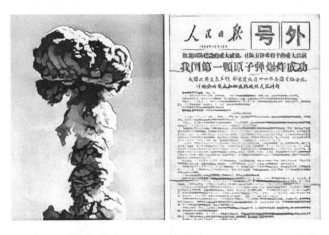

48. 北京的"燕京八绝"

扫码听音频

本篇和各位聊的是北京的"燕京八绝"。

北京老话儿说:"这活干的,绝了。"意思是说,工艺高明,手艺高超,一般人做不到。

今儿要聊的这"燕京八绝",就是只有极少数人能做的活。

"燕京八绝"是老北京独有的传承了千年的八大工艺门类:景泰蓝、雕漆、玉雕、牙雕、金漆镶嵌、花丝镶嵌、京绣和宫毯,号称"京作"。

"燕京八绝"的形成与北京成为都城有直接关系,因为这八大类产品有两个共同点:第一,它们都是专门为皇帝和宫廷贵族服务的;第二,它们都源于皇宫内务府造办处的造作坊。"燕京八绝"工艺开始于辽金,至明清时期达到鼎盛。清朝末年皇帝没了,造办处也解散了,"燕京八绝"技艺没了用武之地,有的几乎失传。中华人民共和国成立后,国家采取保护和扶持政策,抢救和恢复这些古老的技艺。动员召集起散落在民间的老手艺人,先后组建成立了北京珐琅厂、北京雕漆厂、北京玉器厂、北京花丝镶嵌厂、北京地毯五厂、北京挑补绣花厂等专业生产厂,恢复生产北京特有的"燕京八绝",把各种精美的制品,作为工艺美术品向国内外市场销售。政府为了使"燕京八绝"的技艺后继有人,得到更好的传承,又安排大量的年轻人拜师学艺,造就了几百名工艺美术大师,培养了上万名年轻的传承人。"燕京八绝"的古老技艺在国家的大力扶持下,再次进入辉煌发展的新阶段。在那个全国人民自力更生、艰苦奋斗的年代,多种多样、精美绝伦的工艺美术产品,为国家赚取了大量的外汇,支持了国家的发展和建设,很多"燕京八绝"中巧夺天工的制作珍品还成为国礼和国宝。

20 世纪 80 年代后中国向市场经济转型,珍贵稀缺的原材料、耗工耗时又复杂的手工操作，特别是高速运转的社会环境，制约了"燕京八绝"这些古老技艺的发展。如今"燕京八绝"虽然传承还在，但是市场极度萎缩，后继人才匮乏，再次走向了衰落。有的技艺则又一次走到了濒临失传的境地。

好在中国从来都不缺少执着的有心人。"燕京八绝"的传承虽然困难重重，但仍然有人在坚守。在北京石景山区就有一个"燕京八绝"博物馆，集合了近百位工艺美术大师和非遗传承人，收藏和创作包括景泰蓝、雕漆、玉雕、牙雕、金漆镶嵌、花丝镶嵌、京绣和宫毯等在内的"燕京八绝"工艺作品，更有人在努力探索如何将这些古老的技巧传承融入现代市场经济的潮流中。

有人说，"燕京八绝"汇集全国各地民间工艺的精华于一体，巧夺天工，富丽奢华，是中国工艺美术的最后一座高峰。希望这些国之瑰宝、绝世技艺，不要失传。

49. 北京的京西稻和南苑稻

扫码听音频

本篇和各位聊的是北京的京西稻和南苑稻。

北京老话儿说："牙长齐了吗，就想吃这个？"意思是说，有一些东西，不是您想吃就能吃上的。

就比如说这京西稻和南苑稻，就不是谁想吃就能吃上的。在老年间那是专给皇家享用的。

很多人不知道的是，这优质的京西稻可是历经了康熙、雍正、乾隆三代 130 多年的精心培育。

1692 年，康熙皇帝外出巡视时发现，在即将成熟的稻田里有一株水稻像"鹤立鸡群"，长得又高又壮，而且早就成熟了。于是康熙皇帝带走了这株特殊的稻穗。那时候，在如今中南海的丰泽园里，有皇帝的藉田，第二年他就把那株特殊的稻穗做种子，种在了自己的藉田里。他想看看，这株特殊的水稻能不能早熟，能不能适应北京的节气变化。康熙开展种植试验持续了近 10 年，经过多次选种，这里的稻米每年都有新变化，不但好吃，还能早熟近 3 个月。于是在京西一带，利用玉泉山的水源，进行大规模种植。因为是在京城西边出产的稻米,就约定俗成地叫成了京西稻。京西稻属于粳米,米粒肥厚,近似圆形,外观晶莹圆润。它比别的大米产量要低一点,出饭率也比较低。由于京西稻使用的是玉泉山附近的优质水源,又经过优选和精心的培育,品质当然是上乘的,无论蒸饭熬粥,香喷喷的,绵软而有韧性。京西稻有多好呢?在北京有"一家煮饭半街香"的说法。还流传着一首歌谣这样说:"京西稻米香,炊味人知晌。平餐勿需菜,可口又清香。"

20世纪50年代,北京市扩大了京西稻的种植面积,也开始由国家统一收购。除去生产队按人口每人一年分5斤外,其余的全部上缴国家,然后由北京最大的西直门粮库,加工成"特贡"大米,存放在专用仓库里,由政府向特定渠道供应。后来受北京水资源不断减少的制约,稻米的产量也越来越少。2015年国家对京西稻实施地理标志保护。2017年京西稻米开始商业化运作,种植面积逐步扩大,面向市场销售,虽然价格很贵,但是普通人也可以买到了。

说到京西稻,就不得不说与京西稻相媲美的南苑稻。南苑稻又称南苑清水稻,也曾经是宫廷的贡米。原本是乾隆皇帝下江南带回来的优良品种"紫金箍",后来经过培育改良,除了在京西外,主要在南苑大面积种植。当时南苑有御用稻田1万多亩①。南苑稻的特点是米粒肥大、泛着亮光、黏性大、香味浓郁。可惜随着城市的扩张、水源的短缺,稻田面积也是逐渐萎缩,到如今只剩下了一小块示范田。现在,南苑正在慢慢恢复自然风光,美味的南苑稻也很可能会借此机会,重新走上百姓的餐桌。

---

① 1亩≈666.7平方米。

50. 雅化过的北京地名

扫码听音频

本篇和各位聊的是雅化过的北京地名。

北京老话儿说:"剃头去了您呐,这门脸一修更精神了。"意思是说,刚理完发容光焕发,面目一新。

今儿咱们要聊的这事,也是一件旧貌换新颜的往事。

北京的老地名大多数是依据这个地方的突出特征取的,大家一听就知道是哪了。但是有些地名也实在是不太文雅。于是随着社会文化的进步,就开始对很多难听的地名进行文雅化改名,叫地名雅化。比如曾经卖毛驴的驴市胡同,就改了个特别高雅的名字——礼士路。

今儿咱们就聊聊北京一些被"雅化"过的地名。

秀水街,原来的地名与现在的名字正相反,叫"臭水街"。

光彩胡同这个地方曾经是专门卖棺材的,原名就叫棺材胡同。

珠市口是珍珠的那个珠,让人以为这里原来一定有好多的珠宝店。其实呢,这地方是专门卖活猪和猪肉的市场。

雅宝路的前身是雅宝胡同,而这雅宝胡同以前叫哑巴胡同。

现在的王广福斜街,它的原名是"王寡妇斜街"。

近些年热闹起来的南锣鼓巷,其实和锣鼓没什么关系。因为那条街两头低中间高,因此,它过去的名字是罗锅巷。

东直门的扬威胡同,多威风,它原名却是羊尾胡同。

阜成门内有条街叫福绥境,过去这叫苦水井。

朝阳门外有个卖鸡的市场,叫鸡市口,后来改了个好听的名字"吉市口",那附近就都跟着沾光,叫吉市口了。

西单附近有一个狗尾巴胡同,因为在北京话里叫狗尾(yǐ)巴胡同,后来就取谐音改成了高义伯(bǎi)胡同。

王府井有个梅竹胡同,过去的名字估计没人能想象出来。它的原名是"母猪胡同"。意外吧?母猪变梅竹了。

还有灌肠胡同改成官场胡同,鸡爪胡同改叫吉兆胡同,张秃子胡同改成长图治胡同,畏吾尔村改成魏公村,绳匠胡同改成丞相胡同,汤锅胡同改为汤公胡同,豆腐陈胡同改为豆腐池胡同,粪厂大院改成奋章大院,姚铸锅胡同改为尧治国胡同,屎壳郎胡同改成时刻亮胡同,等等。

经过雅化的地名确实是文雅了,却失去了一些原来地名中那浓浓的市井气息。其实,像砂锅刘胡同、苏萝卜胡同、绳匠胡同、烧酒胡同、干鱼胡同、油炸鬼胡同、宋姑娘胡同、蝎子庙、大酱房、豹房、象房、铁影壁、荷包厂等胡同名称,它们蕴含的世俗文化信息,更能让人产生联想和回味。应当说,北京这些地名也是一种文化遗产。不过像那个曾经的"有鬼胡同",就太吓人了,还是改了的好。

51. 一座历经沧桑的飞机场

扫码听音频

本篇和各位聊的是一座历经沧桑的飞机场。

北京老话儿说："挺贵的东西可别糟践喽。"意思是说，还能使用的东西就不要轻易丢弃。

今儿我们要聊的是历经沧桑的北京南苑机场。很多去过南苑机场的人评价说，这个机场还不如火车站好呢。说起来，倒不是机场建得不好，主要是这个机场它有点老。它从建成到2019年停航，已经运行100多年了。南苑机场建于1910年，是中国历史上第一座有标准跑道、机库、油库以及相应的飞行设施，具备飞机检修能力的正规机场，是我国最早的航空基地。1910年清政府成立中国第一个飞机修造厂；1911年中国最早从欧洲进口的2架飞机，首次由中国人驾驶着飞上自己的天空；1913年北洋政府开办的中国第一所航空学校；1914年进行的从北京至保定的首次中国国内长途试航飞行；1914年中国人设计制造的第一架飞机——1号飞机试飞成功；同年中国自行研制的第一架武装飞机——"枪车"号试飞成功；1920年中国第一个航空邮件航班开通；中国第一个民用航班搭载着旅客首航；1937年中国军队最先牺牲的两位抗日将军佟麟阁、赵登禹；1948年中国人民解放军接收的第一个完备的机场；1949年人民解放军组建的第一个飞行中队……都与在这个现在看起来非常简陋的南苑机场息息相关。南苑机场见证了100年来中国航空和人民空军从无到有、由弱到强的发展历程。

如今中国在全国各地分布的机场大约有600座。其中北京境内就有军用和民用机场11座。民航机场有世界最大的空港大兴国际机场，有北京首都国际机场、南苑机场。军用机场有沙河机场、通州机场、良乡机场、延庆永宁机场。还有服务于生产生活的民用专业机场：十三陵民用观光机场，为飞机提供通信、导航、起降和加油服务的八达岭机场，以通航服务为主的密云机场,为农林业生产提供飞机防害、飞机播种任务的平谷机场。另外还有一个承担特殊任务的西郊机场,北京人习惯叫它西苑机场。西郊机场是一座专用机场。这个机场是七七事变后由日本人兴建的,1940年建成投入使用,至今已经有80多年历史了。1949年1月人民解放军接管后,西郊机场就迎来了它的高光时刻:1949年3月,毛泽东、朱德等中央领导在西郊机场举行了新中国首次阅兵仪式;1950年开始西郊机场负责接送全国人大代表;1999年开始承担中国载人航天的运输任务,神舟号的一系列飞船都是从这里送往发射场的;执行载人航天任务的航天员们,也都是在这里乘坐专机出发和返回的。当然作为专用机场,西郊机场的主要任务还是为国家领导人出行、中央党政军要员进出北京提供保障和服务。

总而言之,南苑机场作为中国历史上第一座标准机场,为中国人民的航空事业,做出了极其重要的贡献。

52. 北京的历史文献《日下旧闻考》

扫码听音频

本篇和各位聊的是北京的历史文献《日下旧闻考》。

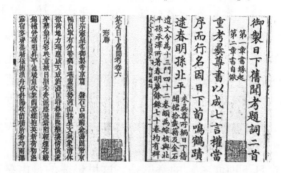

北京老话儿说："这老辈子留下来的玩意儿，那可是真东西。"意思是说，那些经受过时间检验的东西，都是宝贝。

有人夸张地认为，如果一个北京人没读过《日下旧闻考》，那就是没文化。今儿咱们就聊聊这《日下旧闻考》。

《日下旧闻考》的全称是《钦定日下旧闻考》，这 7 个字的标题包含了这样几个意思，拆开来说是这样的：

《钦定日下旧闻考》里的"钦定"，意思是说这是经过皇帝亲自批准同意的。

"日下"，则特指京都。古代人们将皇帝所在地方称为"日下"。比如《世说新语》中有一段故事就使用了这个词。故事说西晋的时候，荀鸣鹤、陆士龙两人初次相见，陆士龙自我介绍曰：云间陆士龙。荀鸣鹤住在都城洛阳附近，因此自我介绍说：日下荀鸣鹤。

"旧闻"，是指过去的、曾经发生的事。"考"，是核对考正。

《日下旧闻》是一个叫朱彝尊的人从 1 600 多种古籍中，筛选出历朝历代有关北京的记载和资料，再添进京城新发生的事，把它们分门别类整理成十三门四十二卷的一部北京方志史书。这部获得广泛认可的北京方志史书，是康熙二十六年（1687年）编写完成的。

转眼到了乾隆三十八年也就是1773年，北京已经出现了很多新事物，又修建了许多新的建筑和园林。康熙、雍正和乾隆还为此作了很多诗文，题写了不少匾额和对联，写下了不少题词和碑文。因此乾隆皇帝觉着，应该把这些盛世的成就记载在这部被广泛认可的北京史志中，于是下旨重新编辑《日下旧闻》，删繁补缺、援古证今、仔细考据；要收录康熙年以来新建、改建的园林、宫室、寺庙等建筑，特别是要加入康熙、雍正和乾隆自己的诗文等作品；要准确记载建筑名称、建造年代、悬挂的匾额、对联、什么人居住等内容。乾隆指定才学出众的于敏中主持编纂，数十名清朝重臣都奉旨参与，历时9年才终于在1782年完成了历史上官修的、规模最大、编辑时间最长、考据翔实、内容丰富的北京史志文献《钦定日下旧闻考》（一般简称为《日下旧闻考》）。全书分为十八门一百六十卷，总共160多万字，是有史以来最翔实、最全面的，关于北京的历史、地理、人文、建筑等历史资料的专辑巨著。

因此《钦定日下旧闻考》的意思是，这里记述的是由皇帝认可的，在原有《日下旧闻》的基础上删繁补缺、援古证今、经过认真考证的、以前发生在京城的那些事。

《钦定日下旧闻考》的确能帮助我们深入探寻和了解北京这座古老而又日新月异的城市。

53. 北京的九坛八庙

本篇和各位聊的是北京的九坛八庙。

扫码听音频

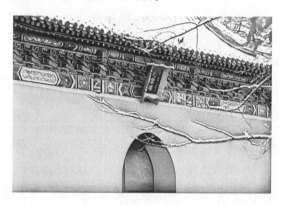

北京老话儿说:"九坛八庙一口钟。"说的是北京的九座祭坛、八座庙宇和一口大钟。

在中国古代,祭祀的对象有3种:天神、地祇、人鬼。其中,天神和地祇只能由天子祭祀,势力大的诸侯可以祭祀山川,一般士大夫和平民百姓只能祭祀自己的祖先和灶神。今儿我们要聊的这"九坛八庙",都是皇帝按固定时间进行祭祀的场所。这"九坛八庙"分别是:天坛、地坛、祈谷坛、日坛、月坛、太岁坛、先农坛、先蚕坛和社稷坛,太庙、奉先殿、传心殿、寿皇殿、雍和宫、堂子、文庙和历代帝王庙,以及一口特大号的铜钟。

社稷坛,是明代迁都北京建的第一坛。由于祭坛的表面覆盖着青、红、白、黑、黄5种颜色的土,北京人叫它五色坛。明清两朝的历代皇帝,每年两次来这里祭祀代表土地的社神和代表五谷的稷神。社稷是国家的根基。中国古代的宫城布局中,有"左祖右社"的规制。现如今隔着天安门的劳动人民文化宫和中山公园，就是明清两朝的皇帝祭拜皇家祖先的太庙和社稷坛。

天坛公园里有两个祭坛：用于祭天的圜上坛和用于祈求谷物丰收的祈谷坛。天坛公园对面的先农坛，也有两个祭坛：先农坛和太岁坛，分别祭祀神农神和太岁神等自然神灵。先蚕坛，是皇后祭祀蚕桑之神的场所，原址就在如今北海幼儿园的院子里。加上日坛、月坛、地坛一共是 9 个坛。

咱们再来说说这八庙。前面说了太庙，另外 7 个是：

奉先殿，位于故宫内，是明清皇室祭祀祖先的家庙。

传心殿，位于故宫内，是供奉帝王和先师牌位的地方。

寿皇殿，在景山公园里边，清朝时放置着先皇、皇后的神像，包括他们生前用过的玉玺、玉器、金银器、漆器、饰品、书籍画作等，如同一个宝库。这里也是皇帝、皇后去世后入葬前的停灵之所。

雍和宫是清雍正皇帝府邸，乾隆皇帝出生于此，这里出了两代皇帝，让谁住都不合适，后来就改成了喇嘛庙。

文庙，也叫孔庙，是元、明、清三代皇帝祭祀孔夫子的地方。这里的进士碑林，记载了进士及第者 51 624 人。

还有个堂子，是专为满族人设置的祭天、祭神场所。

历代帝王庙祭祀的是我国从伏羲、黄帝、炎帝以来，历朝历代的 185 位帝王牌位和 79 位著名的文臣武将。

这一口钟说的是大钟寺里号称钟王的永乐大钟。每逢干旱，皇帝就到这里敲钟祈雨，据说还十分灵验。

54. 北京的功德林

扫码听音频

本篇和各位聊的是北京的功德林。

北京老话儿说:"驴唇不对马嘴的瞎搭什么茬。"意思是说,没听明白怎么回事就发表意见。

如今一说起功德林,可能大多数人想到的是那家著名的功德林素菜馆。而今天我们要聊的是,曾经更为著名,现在又几乎被遗忘了的功德林监狱。

功德林监狱位于北京德胜门外,最初是一座叫功德林的寺庙。清朝中期官府在这里开办粥厂,向各地逃荒来的流民施舍米粥。晚清的时候,有人提出光靠施舍不行,应该让这些人学会一技之长去自谋生路。很快功德林就改成了顺天府习艺所,教授织布纺纱、打铁搓绳等劳动技能。1913 年北洋政府将习艺所改成了监狱。后来民国政府拨专款对功德林监狱进行改造,建成了被外国人评价为中国最好的监狱。国民党在功德林监狱专门关押政治犯。许多共产党员,包括中国共产党创始人李大钊,也一度被关押在这里。

中华人民共和国成立以后,功德林改为战犯管理所,一大批被俘虏的国民党高级将领被关押在这里接受改造,功德林监狱也由此声名更盛。有资格进入功德林的战犯,都是在各个战场上统领数十万军队的将军以及大特务头子。其中有不少中将、上将,而且大多数是一线作战部队的主官,比如杜聿明、宋希濂、黄维、沈醉、廖耀湘、陈长捷等人。这些人曾经在抗日战场上浴血奋战,又在解放战争的不同战场被俘来到了功德林。黄埔军校一期的将领就有 8 名,一时间也算是风云际会吧。抗美援朝战争爆发后,在民族大义面前,他们中一些熟悉美式武器装备的人合作写下了《美军战术之研究》等资料,为在朝鲜浴血奋战的志愿军提供参考。更多的人则积极地为志愿军做炒面。他们经过学习改造,特别是看到共产党带领人民建设新中国的成就，思想逐渐转变。后来他们被分批释放，重归社会，很多人加入了建设新中国的行列。

功德林监狱也曾经发生过不少趣事。有一年临近过年的时候，管理所弄来了一头活猪，这些将军们负责杀猪。一大群征战沙场的人跃跃欲试，在他们眼中，这根本就不算什么事。几位身强力壮的将军拿着绳子、刀子，围起那头猪就扑了上去。让所有人没想到的是，这些人刚一动，猪就冲出包围圈跑了。不得已，几乎所有的将军们都投入抓猪行动，费了九牛二虎之力，才把这头肥猪给摁住。

1960年战犯管理所迁至秦城监狱，功德林改为救护站，救助街头的流浪人员。20世纪80年代经过拆迁改建，功德林监狱原址建起了办公楼。现在我们在当年遗址上能看到的，是一座保存完好的三层瞭望楼和楼房林立的功德林小区。

55. 中国最倒霉的太监

扫码听音频

本篇和各位聊的是中国最倒霉的太监。

北京老话儿说:"门头沟的骆驼——倒霉。"意思是说,门头沟那儿的骆驼,老从煤矿往城里运煤。

这是一个歇后语。从前北京门头沟那儿出煤,但是道路条件不好,于是就用毛驴、骆驼倒运煤炭。这句话是借用倒运煤炭的字音来表达倒霉的意思。北京话一般是这么说:"瞧瞧你这事赶的,还真是门头沟那的骆驼——倒霉。"

今儿我们要聊的这位太监,就是一个倒霉的人。

这个人叫孙耀庭,出生在天津静海,家中有4个兄弟,他排行老二。父母给一位私塾先生打工,维持一家人的生活。他利用父母工作的便利,在私塾免费读了4年书。但是天有不测风云,由于一些突然的变故,孙耀庭的父母失去了工作,一家人只能沿街乞讨,卑微地活着。

为了改变命运,一家人也是苦思冥想。想着想着,就想起了他们的同乡太监大总管小德张。当年小德张以太监的身份官居二品,带着大笔的银子衣锦还乡,为当地捐款,请天津名角连唱三天大戏,为家人盖房子置地,让跟来的御膳房厨子做牛肉包子,请全村人敞开吃。出门坐着轿子,几十人前呼后拥,风光得不得了。想起这些,他的父母就决定让孙耀庭也净身去当太监。

当太监得"净身",稍有不慎就会丧命。可是家里没钱请人,他父亲只能拿着剃头刀自己动手。这一刀下去,就切去了儿子的命根子。孙耀庭疼得昏迷了三天三夜,又养了3个月才缓过来。要不说孙耀庭倒霉呢,他刚刚做好了当太监的准备,溥仪皇帝却宣布退位,不再招用太监了。进皇宫的希望破灭了,父亲是号啕大哭,孙耀庭是万念俱灰。好在天无绝人之路,孙耀庭15岁那年,在亲戚的帮助下进入了载涛的王府,开始了太监生涯。后来又经人介绍进了皇宫。可还没干两年,建福宫起火,皇帝认定是太监故意纵火,把太监全都赶出了皇宫。只是,太监都走了活谁干呀?不得已又往回叫,这次孙耀庭被指派服侍婉容皇后。眼看着好日子来了,冯玉祥又派人将溥仪一家赶出了紫禁城。皇上没了,太监们一哄而散,孙耀庭灰溜溜地回到老家。1932年溥仪在伪满洲国称帝，孙耀庭又来到了溥仪身边。也真是倒霉催的，不久他被查出有肺病，溥仪给了他一笔治疗费，让他回到北京住进了寺庙。他也因此躲过了伪满洲国的覆灭时刻。中华人民共和国成立后，政府安排他在寺庙中从事管理工作，安稳地过上了新生活。

孙耀庭前半生是倒霉的，后半生是幸运的。1996年，96岁高龄的孙耀庭在北京广化寺去世。他是中国最后一个进入皇宫的太监，也是中国最后一个去世的太监。

56. 和珅的保命诏书

扫码听音频

本篇和各位聊的是和珅的保命诏书。

北京老话儿说:"和珅跌倒,嘉庆吃饱。"意思是说,扳倒了大贪官和珅,嘉庆皇帝发了大财。

1799年乾隆皇帝驾崩,丧事还没办完,嘉庆皇帝就下令,将大清第一朝臣,兼管吏部、户部、刑部三大部,集人事、财政、司法大权于一身的和珅,革职查办,押入天牢,抄没家产。还为和珅钦定了20条罪名,几乎条条都是死罪。

有人说古代的朝廷重臣,要么是文治过人,要么是武功盖世,但是和珅这个擅长察言观色、阿谀奉承,专注贪腐的人,怎么会被精明的乾隆皇帝重用呢?其实我们今天所知道的和珅,大多是传说中的和珅、影视剧里的和珅。而真实的和珅是这样的:他1750年出生于京城驴肉胡同,原名善保,字致斋,钮祜禄氏,3岁丧母,9岁丧父,10岁成功考入官学。那些年由于家道中落,和珅不得不带着弟弟四处借贷,常常被人欺辱还得笑容满面,饱尝了人间冷暖。和珅知道唯有努力学习才有出头之日,因此,他心无旁骛地专注于学习。几年下来不但通读四书五经，书法诗文上乘，还精通满、汉、蒙、藏4种语言，也长成了一个眉清目秀、谈吐不凡的翩翩君子。他的老师吴省兰非常器重这个聪明伶俐且成绩优异的学生。得益于老师的推荐，和珅认识了不少学识渊博、位高权重的大人物。后来在尚书英廉的推荐下，和珅做了乾隆的三等侍卫，他的仕途正式开始。他有好几次在乾隆面前展示自己的才学，引起了皇上的注意。一次犯人逃跑了，乾隆大怒之下说"虎兕出于柙"，意思是虎、兕从木笼中逃出去了，比喻恶人逃脱了看管有问题，主管者应该负责。侍卫都不理解皇帝的意思，和珅解释说，皇上是借用《论语》责怪看守的人。不久他升级到了乾隆的仪仗侍从，有了更多在皇上面前展示才华的机会。一次乾隆收到了达赖喇嘛的书信，可是身边没有一个人能够读懂这封信，但和珅给翻译出来了。

此后，和珅凭借自己的才华和干练，一步步走向权力中心。最初他打击腐败，为官清廉。遗憾的是随着他的权力越来越大，贪欲也迅速膨胀。被抄家时共找到白银超过8亿两，田地8 000余顷，商号几百家，古玩书画、奇珍异宝无数。大约相当于当时清政府15年的财政收入。和珅知道自己罪当处死，但是自己绝对死不了，因为他有乾隆皇帝给他的保命诏书。当杀贪官的呼声响成一片，所有人都觉得和珅必死无疑的时候，和珅拿出了密封的保命诏书。当着众人打开一看他立刻就傻眼了，因为保命诏书上只写着3个字——"留全尸"。为此，嘉庆皇帝将凌迟处死改为赐他自尽，给他留了一个全尸。

和珅有命挣没命花，还落下了一世的骂名。

57. 神秘的北京第一农具厂

本篇和各位聊的是神秘的北京第一农具厂。

北京老话儿说:"你这遮遮掩掩的,藏得还真严实。"意思是说,隐藏得好,不容易被察觉。

今儿我们就来聊聊,这样一个遮遮掩掩、不容易被察觉,也不知道生产什么产品的神秘工厂。

这个工厂是北京第一农具厂,它筹建于1965年,是北京的市属国有企业,但是它却不在北京市辖区内,而是位于河北省赤城县的一条山沟中。这里靠山近水,位置偏僻,非常利于隐蔽。它到底是做什么的呢?一个农具厂为什么要追求隐蔽性呢?这一切要从它建厂的那个年代说起。

当时的苏联和美国,是世界上的两个超级大国。美国扶持蒋介石反攻大陆,频繁派飞机深入我国内陆,又发动越南战争威胁我国的安全。而苏联在我国的北方边境陈兵百万,叫嚣着要对我国发动核战争。国际局势日趋紧张,随时有可能爆发战争。形势逼迫我国不得不加强战备,准备打仗,于是进行了重点企业由东南向西北的战略大转移,俗称"三线建设"。

出于安全需要，三线工厂选址都在偏僻的山区。

北京第一农具厂就是这样一个三线工厂。它还有一个代号960厂。当年的960厂就是一个封闭的社会，有完善的厂房，有齐全的生产设备。服务设施有点像现在的大学校园，有宿舍、商店、理发店、照相馆、书店、银行、邮电局、学校、托儿所、医院、食堂、招待所等等。

这样一个完备的农具厂，到底生产什么呢？告诉你吧，它生产的不是农具，它的真正产品是那个年代最先进的半自动步枪，生产能力可以达到每年3万支。厂内驻有军代表，负责产品验收。960厂的产品质量优秀，不但受到中国军方的肯定，还承担了对越南的援助任务。

当时三线建设还流行这样一句话，"一厂的枪，二厂的弹"。同样，在北京第一农具厂相邻的山沟里，还有一个代号955、专门生产子弹的北京第二农具厂。它生产的子弹不仅适用第一农具厂的半自动步枪，而且56式冲锋枪、56式班用机枪、63式自动步枪都可以通用。

到了1978年，国际形势发生变化，国家开始以经济建设为中心。军转民、求生存，军民结合成了这些三线厂的新任务。960厂转而生产以出口为主的民用气枪，年出口气枪5万多支。他们制造的"狮牌"气枪曾经享誉国际市场。

三线建设在改革开放中落下了帷幕。北京第一、第二农具厂也结束了历史使命，逐渐变成了一片遗迹。让我们记住那段历史，记住那些把青春年华奉献在山沟里，而如今正在老去的一代曾经默默地做出贡献的人。

58. 毙命北京街头的日本天皇特使

扫码听音频

本篇和各位聊的是毙命北京街头的日本天皇特使。

北京老话儿说:"你就作吧,哪天把小命儿作没了,就踏实了。"意思是说,老干找死的事,指不定哪天就真死了。

今儿聊的这找死的事,作死的还不是一个人,而是两个。

这两个人是日本天皇特使,一个叫高月保,一个叫乘兼悦郎。他们1940年年底来到北京,住在铁狮子胡同日本华北驻屯军总司令部。这地方现在叫张自忠路3号,曾经是清代的王府,晚清的陆军部、海军部,袁世凯总统府,段祺瑞执政府和"三一八"惨案发生地。这两个特使是日本贵族,还是日本"爱马社"的成员。他们认为北平已经是日本人的天下,可以为所欲为了,所以每天都到外边遛马逛街。

当时国民党军统北平站的站长刘文修，正在派人寻找机会，刺杀日本军政人员和汉奸，打探到日本特使来了，就决定刺杀日本特使。任务交给了行动组长麻克敌、组员邱国丰二人。根据情报他们知道，两个日本人有每天遛马的习惯，就实地跟踪侦察，发现这两个人每天都沿着固定的路线遛马，有几个警卫骑着自行车随同保护。麻克敌和邱国丰商议，就在日本人遛马的途中下手。

1940年11月29号上午，麻克敌骑着自行车尾随着骑马的日本特使，由西向东刚过了南锣鼓巷南口，两个日本人突然加速与身后的警卫拉开了距离。麻克敌向策应的邱国丰打了个招呼，随即抓住这个时机，紧蹬自行车追了上去，迅速举枪射击，两个日本特使被击中，当即倒地，匆忙中他又补了两枪，迅速离开了现场。两个日本特使一个当场毙命、一个身负重伤。

刺杀任务算是圆满完成，打击了日寇的嚣张气焰。麻克敌、邱国丰奉命隐蔽待命。但是他们还想再杀几个大汉奸，于是实施了第二次刺杀行动，目标是为日本人搜刮中国财富的大汉奸、华北准备银行总裁汪时璟。但是行动中被发现，两个人交替掩护撤退时，邱国丰顺口喊了一句："老麻，快撤！"汪伪警察赶到现场后发现，这次开枪的人和刺杀天皇特使的人用的是同样的武器，推测很可能是同一拨人，而且还可能是个麻子。那时候很多人都得过天花病，得了这种病就会落下满脸麻子。所以汪伪警察抓了很多麻子，一审问全都是普通人，无奈地打一顿就放了。

日伪当局关闭城门，全城搜捕，一无所获。但是他们却在投降日军的国民党军统天津站站长裴级三的帮助下，发现了军统局在北平的地下组织。军统北平站站长刘文修被抓捕，很快他也叛变了，供出了军统在北平的很多特工人员，麻克敌、邱国丰也因此被捕。两个杀敌的勇士怀着满腔愤恨，被日寇枪杀在天桥刑场，壮烈殉国。

59. 追查杀害李大钊的凶手

扫码听音频

本篇和各位聊的是追查杀害李大钊的凶手。

北京老话儿说:"您说那小子这是跑哪猫着去了。"意思是说,这个人不知道躲藏到哪去了。

"铁肩担道义,妙手著文章"是李大钊撰写的名联。他是借用了明代杨继盛所作名联"铁肩担道义,辣手著文章",改动了一个字,更好地表达了宣传真理的信念。

李大钊是中国共产党的主要创始人之一,被捕后,于1927年在京师看守所被杀害。中国国家博物馆的0001号文物就是杀害李大钊的绞刑架。这个绞刑架是1950年在德胜门外功德林监狱附近找到的。绞刑架找到了,更不能放过杀害李大钊的那些人,躲在哪也得把他们揪出来。

1951年6月,北京市公安局收到一封绝密信函,一个在押的中统特务交代,杀害李大钊的主谋之一、张作霖的侦缉处长吴郁文就住在北京鼓楼湾4号。公安局马上派人前去侦查。在派出所查找到一个叫吴博斋的人,又到当地和老百姓聊天了解情况。几天后以找人为名进入了院子,在一间泛着难闻气味的房间里,看到了邻居说的那个瘫痪在床的吴老头。因为看过照片,侦查员立刻认出这个干瘦的老头正是带人抓捕李大钊的吴郁文。公安局当即将吴郁文抓捕,并且在屋子里找到了一枚文虎勋章。据旧档案记载,这是当年张作霖为了表彰在李大钊案件中最卖力的4个部下特意颁发的奖章。吴郁文被抓获的消息上了报纸、广播。没过几天又有人举报,在北京西北角的一个寺庙里,有个镶着好几颗金牙的僧人,叫"了明禅师"的,就是当年警察厅侦查处副处长雷恒成。他是动用酷刑审讯、杀害李大钊的真凶。公安人员调查后得知,这个人最近去了上海。于是一路追踪,很快在上海抓到了正在给人算卦的雷恒成。吴郁文、雷恒成相继落网，在北京一个大杂院里猫着的原警察厅处长蒲志中感觉自己也难逃法网，于是选择了自首。另一个主犯，原警察厅总监陈兴亚，隐姓埋名躲藏在上海，也被逮捕归案。至此杀害李大钊的4个主犯全部落网，受到了最严厉的惩处。但是出卖李大钊的叛徒李渤海却始终下落不明。这个李渤海是中共北方党组织的创始人之一，曾任中共北京地委书记。直到20世纪70年代末，一个军统骨干才将李渤海叛变的过程说了出来。李渤海被捕后，经受不住酷刑，供出了李大钊藏身于东交民巷的苏俄大使馆，还出卖了很多共产党员，导致李大钊和几十位革命同志被抓捕。后来他投靠了张作霖、张学良，还改了名字叫黎天才。经过反复调查，发现那个叛徒李渤海其实一直被关在共产党的监狱里，只是他隐藏了自己的真实身份，企图蒙混过关。最终猫在监狱里的叛徒李渤海还是被揪了出来。正是善恶终有报，天道好轮回。

60. 北京房山的汉白玉

扫码听音频

本篇和各位聊的是北京房山的汉白玉。

北京老话儿说:"先有大石窝,后有北京城。"意思是说,有了房山大石窝的汉白玉,才盖起了北京城。

汉白玉是一种名贵的建筑材料,它洁白无瑕,质地坚实而又细腻。北京地区古代的古刹亭阁、离宫苑囿、皇宫殿宇、亭台轩榭,现代的人民英雄纪念碑、北京的十大建筑,以及毛主席纪念堂、世纪坛等都使用了大量的房山汉白玉。在毛主席纪念堂中,毛主席跷腿坐在沙发上栩栩如生的塑像,用的也是房山大石窝的汉白玉。可见"先有大石窝,后有北京城"并非虚言,也并不言过其实。

房山大石窝汉白玉有上千年的开采历史。这里开采出的最大的一块完整石料,是故宫保和殿后石阶正中那块著名的云龙纹御路石,它长16.57米、宽3.07米、厚1.7米,重约200吨。这块石料在加工之前肯定比现在还要大,有人估算它的重量超过300吨,是一块极其难得的超级汉白玉石料。据记载,由于汉白玉容易碎裂,为了保险起见,当时开采出了两块巨石,一块备用。一块送往京城。

说起这块巨石,就得说起让很多人困惑的问题:这房山大石窝距离紫禁城大概有90公里,600多年前,还没有机器设备,古人是怎么把它运到故宫的?

运送这巨大的石料,确实是一个浩大的工程,当年动用了2万多人,1 000多匹骡马。可是人再多也不可能抬着走啊。况且采石场是个很深的大坑,首先要想办法把巨石弄到地面上来,再从陆路运走。那时候的路很窄,而且全是松软的土路,拉着沉重的大石头肯定是寸步难行。勤劳智慧的古代劳动人民自有他们的办法。他们的高招是:用坚硬的木材做一个结实的大托架，形状有点像雪橇，还有个好听的名字叫旱船。先把巨石固定到这个木托架上，从坑底到地面修成一个长长的坡道，接着要平整和拓宽通往皇宫的 90 公里道路。做完这些还不行，还要在道路沿线挖出几百眼水井，这才算是万事俱备了。不过还得等，他们等的可不是东风，而是冰天雪地的寒冬。眼看着数九寒天冰封大地，那 2 万多人马一起出动，从水井里打水泼向路面，土路就变成了光滑的冰路。1 000 多匹骡马换着拨儿，拉着垫在滚木上的沉重的旱船，缓慢地向前移动。就这样人拉马拽，一天也前进不了 4 公里，用了整整 28 天，才走完了 90 公里的路程，把超级汉白玉石料，送进了建设中的紫禁城。

现在已经对房山大石窝的汉白玉采取了保护措施，建起了大石窝石作文化村和世界上唯一的一座汉白玉艺术宫，那里聚集了一批加工汉白玉的优秀工匠。千百年来留下的巨大矿坑，幽深曲折的矿洞，未来将成为旅游的热地。

61. 北京的卤煮火烧

本篇和各位聊的是北京的卤煮火烧。

扫码听音频

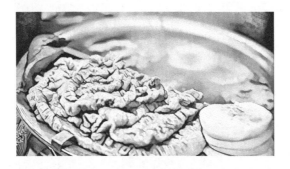

北京老话儿说:"论吃食,那是萝卜白菜各有所爱。"意思是说,对食物的选择,每个人的喜好不同。

俗话说一方水土养一方人,每个地方都有自己独特的美食。比如北京就有炒肝、豆汁、爆肚、麻豆腐等很多具有地方风味的吃食,其中卤煮火烧是北京特有的一种风味美食。老北京人几乎没几个不好这口的。

卤煮火烧有超过百年的历史,普遍的说法是,卤煮火烧是由清朝皇宫中的苏造肉转化而来的。苏造肉是用五花肉煮制,汤中放入中药和香料配合,滋味香浓,肉质酥烂,夹在火烧中,吃上一口汤汁四溢,满口肉香。后来这种烹饪方法传到了民间。但是用五花肉煮制的苏造肉成本高、价格贵,一般人吃不起,于是进行了改良。有人就模仿苏造肉的制作方法,把最贵的猪五花肉,换成了最便宜的猪下水。经过很多人的探索和试验,苏造肉演变成了卤煮火烧。卤煮火烧兴起于民国时期。老年间有下水不上席的讲究,因此卤煮火烧的食客,主要是干体力活的底层百姓。从达官贵人的苏造肉,变成普通百姓的美食卤煮火烧,阳春白雪变成了下里巴人,慢慢地才被大多数人所接受，一直传到如今。而苏造肉却不知道从什么时候销声匿迹了。卤煮火烧发展到如今，已经成为北京菜系中的经典菜品。卤煮火烧之所以受欢迎，与它独特的加工方式和食用方式有关。卤煮火烧是将猪肠、肺头、猪肝、猪肚、炸豆腐、硬面火烧，事先分别加工好，放入敞口的大锅中，用老汤小火慢煮，煨至软熟入味，连汤带水，荤素主食都有，味道醇厚，软烂可口又很有嚼头，满街飘着那特有的香味儿。

客人随来随盛，用大号的海碗，小肠切段，肺头等切块，豆腐切三角，火烧划井字，装满满一碗，淋上一铁勺滚烫的老汤，趁热放上蒜泥、韭菜花、豆腐乳、香菜，喜欢吃辣的再淋上点辣椒油。那颜色，那卖相，那热气腾腾诱人的香气，都让人欲罢不能。好喝口的，还会来个小瓶的二锅头，连吃带喝陶醉其中。

在北京人口中，卤煮火烧简称为卤煮。常用的话是："哥儿几个，明儿咱们吃卤煮去。"现在喜欢卤煮火烧的人越来越多，卤煮店就像老北京炸酱面一样，到处开店，星罗棋布，遍布京城的大街小巷，都打着传统风味的旗号、百年老店的招牌，但是这口味可是千差万别，不乏手艺不精或者偷工减料之辈，让第一次吃的人觉得不过如此。

要想品尝到美味的卤煮火烧，您得听我介绍的"绝招"：您要是想吃卤煮时，得先看看哪家店里的食客中北京的老人多，您再坐下来交钱开票。这招百试不爽，保您尝到正宗的卤煮火烧。要不哪天您也试试？

62. 清朝末期的6只"羊"

扫码听音频

本篇和各位聊的是清朝末期的6只"羊"。

北京老话儿说:"好巧不巧的,凑一块去了。"意思是说,很巧合的,恰好赶到一起了。

在风云变幻的清朝末期,曾经有6个属"羊"的人,掀起过一波又一波的滔天巨浪。

这6个手握朝廷重权,又都属"羊"的人是:

曾国藩(1811年出生)、李鸿章(1823年出生)、慈禧(1835年出生)、袁世凯(1859年出生)、光绪帝(1871年出生)、载沣(1883年出生)。

1851年,咸丰皇帝即位第二年,太平天国运动兴起。太平军从华南快速推进到了华中。眼看着大清的江山不保,咸丰下旨,命令各省成立地方武装,抵抗太平军。最终在危难之际力挽狂澜的是曾国藩创建的湘军。之后曾国藩准备卸甲归隐,朝廷却让他任直隶总督进入了权力中心。在曾国藩的推动下,加速了洋务运动,建造了中国第一艘轮船,建立了第一所兵工学堂，印刷翻译了第一批西方书籍，派出了第一批赴美留学生。这第一只"羊"的出现，对中国历史的发展产生了深远的影响。

按岁数论，这第二只"羊"是李鸿章。他比曾国藩小一轮，对曾国藩以师事之，接替曾国藩担任直隶总督。曾国藩认为李鸿章"将来建树非凡，或竟青出于蓝，亦未可知"。1860年，太平军攻破江南大营危及上海，李鸿章回乡招募7 000人援沪，连战连捷，很快发展成与湘军齐名的淮军。后来他坐镇北洋，遥执朝政，欲扶大厦于将倾。但是背靠软弱无能的大清朝廷，也是无力回天。他经历了甲午战争、八国联军入侵，签订了好几个不平等条约，落下了"丧权辱国"的骂名。梁启超曾感慨地说："敬李鸿章之才，惜李鸿章之识，悲李鸿章之遇。"

这第三只"羊"是慈禧，她比李鸿章小一轮。咸丰皇帝临终时立6岁的载淳为接班人，慈禧是载淳的亲娘，她发动政变解决了8个顾命大臣，自己垂帘听政，控制了国家权力。同治皇帝载淳19岁去世，慈禧又立了4岁的光绪为帝，继续垂帘听政，主宰晚清政权47年。另外3只"羊"，是比慈禧小两轮的袁世凯，比袁世凯又小一轮的光绪帝，比光绪再小一轮的是末代皇帝溥仪的亲爹摄政王载沣。

这6个人前后历经72年，影响了中国100多年的历史进程。不知道是不是因为清朝没落时期有这6只"羊"的原因，总之从辛亥革命时起，民间开始流传"十羊九不全"的说法。其实中国古代流行了3 000多年的说法是，"十羊九福全"。意思是说，属羊之人，十之八九都会福祉周全。由此可见，人的属相与他个人的发展没什么关联。

63. 屡次潜入北京作案的"赛狸猫"

扫码听音频

本篇和各位聊的是屡次潜入北京作案的"赛狸猫"。

北京老话儿说:"不信他就没打盹的时候。"意思是说,他不可能没有疏忽大意、失误犯错的时候。

今儿我们要聊的,是一个能飞檐走壁、轻功了得的人物。这个人叫段云鹏,人送绰号"赛狸猫"。他16岁去当了几年兵,24岁拜侠盗燕子李三为师,学了一身的好本事。后来参加了长城抗战,失败后被遣散。从此混迹江湖,沦为惯偷。偷过德国大使馆、瑞蚨祥绸布店、吴佩孚府邸、天津市长的家等。最出名的一次,是他孤身进入戒备森严的日本侵华司令官冈村宁次官邸,偷了1块金表,5根金条,若干美元、日元以及价值不菲的绿翡翠球、金佛像,尤其是他拿走了日本天皇签名的手枪,让冈村宁次气得暴跳如雷,动用大批军警在北京搜捕,却一无所获。

这次盗窃案让段云鹏名声大噪,引起了各方势力对他的关注。1946年,他偷到了一大批珠宝,警方发现了帮他销赃的人,顺藤摸瓜抓到了段云鹏。一个叫谷正文的人将段云鹏从监狱里救了出来。这个人是军统特务头子,他对段云鹏表示出重视与尊重,又做出了升官发财的承诺,因此,段云鹏没有丝毫犹豫就加入了军统组织。不久军统得知共产党一个情报小组在北平活动,但是,一直不能确定电台的准确位置,就派段云鹏出动。这个"赛狸猫"利用自己的轻功,连续几天夜里悄悄上房探查,很快就在东公街锁定了目标,摧毁了共产党的地下电台,10多名地下党员被捕。国民党又利用叛徒供出的情报,连续破坏了西安、承德、沈阳、兰州、天津、上海的电台,致使数百名地下党员被捕,共产党地下组织遭受巨大损失。段云鹏受到蒋介石的亲自接见。此后,他还执行了暗杀北平市长何思源的任务。他带着炸弹,趁着夜色在房屋上一路蹿行,把炸弹放在了何思源家的房顶上。何思源的二女儿被当场炸死，另有 5 人受伤。段云鹏则逃往台湾。

  1949 年，段云鹏从台湾悄悄潜回北京，伺机进行暗杀破坏活动。由于没找到行动机会，空手返回了台湾。此后，段云鹏又先后 3 次潜入北京搜集情报、发展特务组织，还建立了行动组，制作炸弹，企图搞大规模的暗杀破坏活动。公安机关发现了他们的组织和计划，逮捕了和段云鹏有关联的 60 多个国民党特务，段云鹏却又一次逃回了台湾。

  1954 年 6 月，段云鹏接到了再次潜入北京的命令。这次他一到香港，公安部就接到了消息，布下天罗地网一举抓获了狡猾的"赛狸猫"段云鹏，把他关押在北京草岚子特种监狱，又安排人装作段云鹏与台湾周旋。军统局被蒙在鼓里，还陆续送来了先进的特工器材和大量活动经费。

  1967 年，猖狂一时的"赛狸猫"——段云鹏被处决。

64. 走上权力巅峰的袁世凯

扫码听音频

本篇和各位聊的是走上权力巅峰的袁世凯。

北京老话儿说:"有些人呐,一旦得意就刹不住了。"意思是说,一些人在取得成功后就忘乎所以。

今儿要聊的袁世凯,就是这么一个大权在握后,得意到忘乎所以,刹不住车的人。

袁世凯 1859 年出生在河南项城一个官宦家族,两次参加科举考试都未成功,当机立断弃文就武,投奔了淮军,开始了他的戎马生涯。1882 年,袁世凯随部队东渡朝鲜平乱,他坚毅勇敢,一路带头冲在最前面。兵变平定后,在给清廷的呈报中说他治军严肃,调度有方,报以首功。23 岁的袁世凯以帮办的身份留驻朝鲜,训练新军并控制税务。袁世凯的暴发引起了李鸿章的关注,在他的举荐下袁世凯被任命为驻扎朝鲜总理交涉通商事宜大臣,甲午战争爆发前夕回国。袁世凯凭借在朝鲜的优异表现,在政坛崭露头角。

归国后,几个王公大臣联名保荐他督练新军。1895 年年底,他在天津小站开始以德军为样本编练新军。这支训练有素的7 000多人的军队，以及段祺瑞、冯国璋、王士珍、曹锟、张勋等一批将领，成为后来北洋军阀强大势力的基础，逐渐成为袁世凯个人的政治资本，影响着清末民初的政治走向。袁世凯是一个依靠皇权维护自身利益的改良派，但是又支持维新变法，推动了洋务运动。他重用詹天佑筹划修建了京张铁路，扶持民族工商业，新开工厂4 000多家；开通商埠，对外开放；废除科举，建立新式大、中、小学和军事学校，主持开办了山东大学；实行官制改革，禁毒禁赌，主张立宪、法制，促成了清朝皇帝退位。当年的袁世凯扮演了一个"末世英雄"的角色。

1913年，袁世凯当上中华民国大总统后，走到了自己人生的巅峰。说不清他是被胜利冲昏了头脑，还是原本就另有打算，他的人生快车有点刹不住了，一天要吃10顿饭，排场比慈禧有过之而无不及，人参、鹿茸、海狗肾，各种补。胖得走路像鸭子似的摇摆前行，大总统的帽子都戴不上。1915年年底，袁世凯宣布称帝，建立中华帝国，改元洪宪，将中南海的总统府改为新华宫。袁世凯的倒行逆施，引起民怨沸腾，蔡锷等在云南宣布起义，发动"讨袁"护国战争，得到了广泛的支持，就连北洋军阀将领也参与其中。当了83天皇帝的袁世凯被迫宣布取消帝制，但是各省却没有停止军事行动。3个月后袁世凯因病不治而亡。

袁世凯是中国近代史上最具争议的人物之一。有人说他是"独夫民贼""窃国大盗"，签订"二十一条"丧权辱国。也有人认为他是改革派的中坚人物，对中国的近代化有贡献。直至如今世人对袁世凯的功过，也是各有评说。

65. 北京的二锅头

本篇和各位聊的是北京的二锅头。

扫码听音频

北京老话儿说:"半斤不当酒,一斤扶墙走,斤半墙走我不走。"意思是说,喝半斤合适,一斤站不稳,再喝就天旋地转了。

北京二锅头酒是在对古老的烧酒工艺革新后,在酿酒过程中,只取第二锅酿出的高质量酒而得名的。二锅头酒首创于清康熙年间的"源升号"酒坊,酒液清亮透明,香气绵长,酒力强劲,入口醇润爽洌,回味悠长,备受好酒之人的喜爱。二锅头酒被北京人称为"二雷子",中华人民共和国成立后北京人心目中最好的二锅头酒,是红星二锅头。

红星酒厂成立于 1949 年,源自革命根据地的华北酒业专卖公司实验厂,是我国第一家国营酿酒厂。建厂之初,选择吸收了北京的 12 家老字号酒作坊,聚集了最优秀的酿酒人才和技术,全面继承了北京二锅头的传统酿酒工艺。为了让大众都能喝上纯正的二锅头酒,国家还规定,红星二锅头酒的价格不得过高。作为向新中国献礼的指定建设项目,1949 年 9 月第一批红星二锅头酒赶在开国大典前投放市场。自此,红星二锅头质量始终如一，成了物美价廉的大众好酒。1965 年，为了缓解白酒供不应求的状况，北京市政府将红星酒厂改为北京酿酒总厂，统一协调全市酿酒业。总厂派人向北京各郊县 19 家酒厂传授二锅头生产技术，以满足市场需求。短期内，北京有近 20 余种各种品牌的二锅头摆上了柜台。2008 年，红星酒厂传承的北京二锅头酒传统酿制技艺，被认定为国家非物质文化遗产。红星酒厂还在怀柔区开办了北京二锅头酒博物馆。二锅头酒的发源地"源升号"，现在是二锅头文物馆。

其实，早年间北京不但有二锅头，还有不少其他种类的酒。它们都曾经辉煌过，有的继续着辉煌，也有的由于各种原因，或者停产，或者外迁，或者成为小众酒。40 年前，北京比较出名的美酒就有：通州老窖、北京特曲、红玫瑰酒、青梅酒、丰收葡萄酒、龙徽葡萄酒、长城葡萄酒、桂花陈、中国红、北京黄酒、醉流霞、燕岭春、北京大曲、华灯头曲、古钟大曲、龙凤大曲、卢沟桥大曲、华都酒、京都酒、莲花白、菊花白、北京啤酒、五星啤酒、燕京啤酒、北京散装啤酒，还曾经出产过一种漂亮的可以自己动手调配的鸡尾酒，等等，琳琅满目，品类繁多。

北京人喝酒讲究人要投缘，酒要顺口，不一定要多好的下酒菜，花生米、开花豆、拍黄瓜、猪头肉都行，喝的是个舒心愉悦。最怕酒桌上碰到不对眼的人，所以真正踏实喝酒的时候，是三两个好友，找个清静的地方把酒言欢，天上地下，过去未来，边喝边聊，时不时地走一个，平时宴席上三两的酒量，此时早过了半斤。个个微醺不醉，或高声，或低语，说不完的情分，追求的就是两个字：爽快。

66. 卢沟桥为什么会出现日本军队

扫码听音频

本篇和各位聊的是卢沟桥为什么会出现日本军队。

北京老话儿说："家里这么多人，耗子怎么就在屋里做了窝呢？"意思是说，太奇怪了，老鼠居然不怕人了。

说起这 1937 年卢沟桥事变，很多人都想不明白，卢沟桥为什么会有日本军队呢？今儿咱们就来聊聊这件事。

这事还要从《辛丑条约》与《何梅协定》说起。当年八国联军占领北京后，与清政府签订了《辛丑条约》，其中规定，允许列强在北京至山海关铁路沿线驻军。丰台有火车站，附近就有了日本军营。日本在北京地区逐渐增加驻军，则发生在《何梅协定》之后。当年日本占领东北，以关东军为后盾，假手"满洲国"建立了政权后，就开始谋划侵吞整个华北地区。他们计划策动华北五省"自治"，再造一个"满洲国"。为了实施这个计划，他们煞费苦心地寻找借口。1935年5月2日，天津汉奸报纸《国权》报的社长胡恩溥、《振报》社长白逾桓先后被杀，日本指责是国民政府所为。接着，5月15日，共产党领导的抗日义勇军一支部队，攻打承德附近的日军据点后，驻扎到河北遵化，遵化县县长派人给义勇军送来大米、少量的肉和枪支子弹。日本关东军越过长城，联合国民党军消灭了这支抗日武装。这两件事，就是所谓的"河北事件"。日本人利用这一事件，指责中方破坏《塘沽协定》，在停战区域驻军。于是日本天津驻屯军司令梅津美治郎，与中华民国代表、军事委员会华北分会代理委员长何应钦交涉。通告说：由于发生了对日本的不友好事件，日本关东军要进入长城以南，国民党部队及组织必须撤出平津地区，移驻保定以南；还要求罢免河北省主席、天津市市长、遵化县县长，国民党不得开展各种反满抗日活动。

当年6月9日，何应钦向日方表示，日方所希望之点，截至昨日，已经完全办到；并详细列举了包括军队调动、党务安排、政府人事变动等5项内容。日方则步步紧逼，又提出中央军和国民党党部必须离开河北。限中国于6月12日中午前答复。10日，南京政府发布《敦睦邦交令》称：凡我国国民对于友邦，不得有排斥及挑拨恶感之言论、行为……如有违背，定予严惩。何应钦还通知日方，国民党中央以口头形式答应了日方的全部要求，并停止了国民党在平津区域的活动。日本要求中国对已经完成的事项签字盖章，何应钦拒绝签字，在13日凌晨跑回了南京。

《何梅协定》就是在这样的背景下产生的一个怪胎。怎么说是怪胎呢？因为这个协定只有提条件的一方签了字，另一方是可以满足对方条件，就是不签字，独创了一种谈判新方式。这之后大批日军来到了北京。这就是1937年大量日本军人出现在宛平城，敢于制造卢沟桥事变的缘由。

67. 北京与春节的关系

扫码听音频

本篇和各位聊的是北京与春节的关系。

北京老话儿说:"送信儿的腊八粥,过年的腊八蒜。"意思是说,喝上腊八粥就快过年了。

如今,很多老北京家庭依然保留着农历腊月初八熬腊八粥、泡腊八蒜的习俗。这时候泡腊八蒜是给过年准备的。到了正月蒜变得翠绿,醋变得酸辣还有点甜,拿来就着吃饺子或者拌凉菜,口味独特,吃起来那叫一个美。一说到吃就刹不住,咱们还是先回正题,聊聊春节和北京的关系,末了再告诉您怎么泡这腊八蒜。

中国自商周时期就开始过年了。从汉武帝起至清朝末年,几千年来都是把农历正月初一叫元旦,俗称过年,而立春那天才叫春节。清朝覆灭后,民国临时总统孙中山宣布,废除中国的干支纪年,使用西方的公元历。把1月1日定为"元旦",什么三伏、三九、腊月、正月、初一、十五的都没有了,以后过年就在公元历1月1日,全国都不许再发行农历年历。好几千年的传承就这么给改了,老百姓反对也没用,结果却是你说你的我过我的。袁世凯在北京就任总统后,打着顺应民意的旗号恢复了农历。可是"元旦""新年"这些原本属于农历正月初一的专用名词,被公历1月1日给占用了,这怎么办呢?袁大总统召集一帮人商量,最后决定把原来农历"立春"的节日名称"春节",给挪到农历正月初一来。于是在北京发布政令宣布,以后农历正月初一还是过年,名字叫"春节",恢复所有传统风俗,自1914年正式实施。绝大多数中国人高兴了,而一些激进的新式知识分子,对旧历占据主导地位却极为不满。他们不断地发表文章和演讲,批评旧历,宣扬公历,一时间舆论沸沸扬扬。1928年民国政府再次颁布了《废旧历禁令》,严禁私售旧历以及新旧历对照表;严令机关团体、学校一律不准按旧历节日放假，商铺不准关门，不得发售旧历节用品。结果是公职人员、学校、军队和洋行过新"元旦"，普通百姓仍然过自己的旧历年，并且逐渐认可了"春节"这个名称。1949 年，在北京召开的中华人民共和国第一届中国人民政治协商会议，以法律的形式规定，中华人民共和国使用公元纪年法，同时保留干支纪年法，全国人民仍然延续中华民族的传统，一起在农历正月初一过年，定名"春节"，并放假 3 天。因此在事实上，我们现在过年使用的"春节"这个名称，产生于北京，至今也不过才有 109 年的历史。

末了，咱们说说怎么泡腊八蒜。首先要尽量选择六瓣的紫皮蒜，蒜剥皮，找一个没有油渍的玻璃瓶，放二分之一的蒜，倒满米醋拧紧盖，注意一定要用米醋，放在阴凉处。由于现在家里都有暖气，室温比较高，您就得时不时地瞧着点儿，蒜变绿了就可以吃了。够简单，马上动手试试吧。

68. 新中国的国宴

扫码听音频

本篇和各位聊的是新中国的国宴。

北京老话儿说:"今儿吃的是八碟八碗的大席。"意思是说,参加了比较正规的宴会。

说起新中国的国宴,那就得说到这"开国第一宴"。1949年10月1日的开国大典,是在下午3点举行的,当天晚上,新政府在北京饭店准备了最高规格的庆祝宴会,共有600多人参加了晚宴,这就是传说中的"开国第一宴"。宴会用的是由北京玉华台饭庄9位大厨掌勺的淮扬菜。

国宴总是会让人有一种神秘感,感觉少不了各种山珍海味、名贵食材。其实"开国第一宴"10人一桌,8道压桌冷菜是:五香鱼、油淋鸡、烩黄瓜、水晶肴肉、虾籽冬笋、拆骨鹅掌、香麻海蜇、腐乳醉虾;8道热菜是:红烧鱼翅、干焖大虾、清炖土鸡、鲜蘑菜心、红扒秋鸭、红烧鲤鱼、烧四宝、扬州狮子头;4种点心是:咸菜肉烧麦、春卷、豆沙包、千层油糕;外加精美的水果拼盘。这一桌菜除了红烧鱼翅略显奢华,其余都是很普通的食材。这是因为当时确定的宴会基调是,不奢华但制作得精良,佳肴要独具特色。

近些年在有些回忆文章中,传递出了一些关于"开国第一宴"的不正确信息。比如说毛主席在"开国第一宴"上,即席为某位代表题字签名,还摆出照片为证。而事实上毛主席并没有出席当年的那次国宴,而是在天安门和群众一起看烟花。再比如,众说纷纭的国酒之争。有人宣称在北京饭店举行的"开国第一宴",选用的是茅台酒,说茅台是"开国喜酒",是国酒,而事实上当年"开国第一宴"用的是汾酒、竹叶青酒、绍兴黄酒这3款中国名酒。

与酒水争论不同的是,几十年来,淮扬菜一直是国宴的主打菜系。这是因为淮扬菜清淡可口、朴素典雅，能满足大多数人的口味。最难能可贵的是，淮扬菜擅长使用普通食材，通过精工细作，做出高档的水准。

  如今来看"开国第一宴"的菜单，简直和我们现在一般的家宴差不多。然而毛主席仍然觉得规格有些高了。他提出以后宴会就"四菜一汤"，吃饱吃好就可以了。从此以后，国宴的热菜就减少了，比如被称为"中华第一宴"的"奥运国宴"，中国为各方贵宾准备的是三菜一汤，有荷香牛排、鸟巢鲜蔬、酱汁鳕鱼、瓜盅松茸汤，小吃是北京烤鸭。

  随着国宴的不断精简改革，八凉八热、带精致面点的桌菜不见了，"开国第一宴"也成了让人羡慕和怀念的绝唱。现在北京的一些菜馆里，专门提供"开国第一宴"，模仿当年的隆重场面，有排场，讲究且地道，让人逼真地置身于历史场景之中，享受和品味那种梦幻般的独特雅趣。

69. 北京通州的燃灯塔

本篇和各位聊的是北京通州的燃灯塔。

扫码听音频

北京老话儿说:"多学点儿吧,不然一块儿聊天,老得去那跟着哄的。"意思是说,知识要多点,要不然聚会的时候只能当听众。

今儿我们就一起来学点通州燃灯塔的小知识。

一提起通州,就会让人想起那座高高耸立的燃灯塔。一些不明就里的人会告诉你,燃灯塔是大运河的航标,所以才叫燃灯塔。事实上燃灯塔的全称是:燃灯佛舍利塔。别看这"燃灯佛舍利塔"只有6个字,要把它的本意准确地读出来,也不是每个人都能做到的。如果6个字一口气念下来,还能说得过去。如果念成"燃灯、佛舍利塔",那您就错了。正确的读法是"燃灯佛、舍利塔"。因为这个塔供奉着燃灯佛,塔里面珍藏着他留下的舍利。燃灯佛在佛教里地位尊贵,他是释迦牟尼之前的佛。佛教有三大教主,释迦牟尼是现世佛,我们常见的弥勒佛是未来佛,这燃灯佛是过去佛。佛经中记载说:燃灯佛出生时,身边一切光明如灯,故名燃灯;还说释迦牟尼曾经花重金买下一枝罕见的五茎莲花,供奉给了燃灯佛。

燃灯塔始建于1 400年前。当初,在这个多条河流汇聚的地方经常发生水患,建塔的目的之一,就是很多人都听说过的那句话:宝塔镇河妖。这塔承载着人们消灾避难的愿望。历史上因为地震、战争等原因,燃灯塔多次遭到破坏,又多次重修。最近的一次破坏,是1976年唐山大地震。据说,当时塔身摇摆幅度超过了20度,几乎倾倒,损坏严重。我们现在看到的燃灯塔,是清康熙三十七年(1698年)重建的塔身,1985年再次重修的。

燃灯塔有几个特别之处:与大多数塔用木材做塔心柱不同,燃灯塔用的是长9.5米的锻铁塔心柱。塔身上神像众多,13层塔檐悬挂着2 248枚不同年代、不同地区的人们捐赠的形状各异的铜铃,更难得的是,铜铃的外壁铸有不同字体书写的捐献人姓名和籍贯。塔刹顶端的大铜镜重达5千克,上面有八国联军留下的子弹划痕。最神奇的是在塔顶上,曾经有一棵不知道生存了多少年的老榆树,堪称一绝。燃灯塔所在的佑胜教寺,与紧邻的文庙、紫清宫,呈"品"字形布局,被民间统称为三教庙,形成了"三庙一塔"的古建筑群,与古运河一起,共同构成了通州独特的地标景观。燃灯塔顶层有一方砖刻碑记,刻着一首不知道是谁提写的诗句:"巍巍宝塔镇潞陵,层层高耸接青云。明明光影河中现,朗朗铃音空里鸣。时赖周唐人建立,大清复整又重新。永保封疆千载古,万姓沾恩享太平。"

如今,三庙一塔与大运河又成为北京城市副中心的组成部分。古老的燃灯塔成为新时代的地标建筑,一定会焕发出更绚丽的光彩,引起世人更多的关注。

70. 汉字竖写，什么时候改横写了

扫码听音频

本篇和各位聊的是汉字竖写，什么时候改横写了。

北京老话儿说："就你那嘴好使，横竖都是理。"意思是说，某个人能言善辩，总是有理。

不过这句北京老话儿和今儿我们要聊的这件事，可没什么关联，只是想借用其中横竖转换的意思。

我们现在已经知道的是，汉字竖写从商朝就开始了。甲骨上的文字就是竖着排列，刻写在甲骨上的。"自上而下，从右往左"的汉字书写规矩，在后来的几千年里，无论书写材料是变成了竹简、丝绢，还是纸张，包括活字印刷在内，都一以贯之。

改变是从清朝末年开始的，当时，一批又一批留洋的知识分子归国，他们满怀着一颗报国之心，充满自信，想用从西方学到的知识改造中国，希望让中国尽快强大起来。于是中国开启了长达百余年向西方学习的潮

流。发端于京城的洋务运动、公车上书、戊戌变法、辛亥革命、五四新文化运动等等，都推动着这股潮流滚滚前行。

这汉字竖写改横写则是新文化运动涉及的内容之一。起因是那个时候，引进了大量的西方书籍，为了传播这些先进的思想和科学技术，需要把它们翻译成中文。在翻译的过程中，人们发现，很多阿拉伯数字和专用单词需要保留，这让竖写的汉字遇到了麻烦。数字、符号以及字母组成的特定单词，都难以完整表述。尤其是引入方便快捷的钢笔后，在使用钢笔时，自右向左书写，右手就会蹭到字迹。于是，对汉字书写方式的改革就被摆上了桌面。要改变常规就得有人带头突破。

1892 年，卢戆章的《一目了然初阶》这本书，其中有 55 篇用横版汉字发行。这是汉字横写的首次尝试。

1904 年，严复编写的《英文汉诂》是我国历史上完全使用汉字横版排版印刷的书，具有划时代的意义。随着汉字横版书越来越多，争议也越来越大。

1917 年，钱玄同在《新青年》杂志上对横版汉字的意义，进行了一次比较完整的阐述，他特别指出，阅读书籍时，横向阅读远比纵向阅读省力。国际上几乎都是横写方式，我国最好顺应世界潮流，推动汉字横写的改革。

中华人民共和国成立后，汉字竖写改横写引起了政府的重视。

1952 年，国家成立了中国文字改革研究委员会。

1955 年元旦，《光明日报》从竖版汉字更改为横版。

1956 年元旦，《人民日报》正式启动中文自左而右地横排印刷。汉字竖写的传统正式被横写取代。从此汉字的书写由自上而下、从右往左变成了如今的从左往右、自上而下。

71. 北京历史上的国门——中华门

本篇和各位聊的是北京历史上的国门——中华门。

扫码听音频

北京老话儿说:"别瞧官不大,这谱可不小。"意思是说,职位没多高,却是摆出一副大官的做派。

今儿要聊的是已经不复存在的中华门。明清时期在天安门正南、正阳门北边不远的地方,有一座单檐歇山顶的砖石结构建筑,建筑风格庄严厚重,虽然它没有高高的城台,也没有巍峨的城楼,但是它却曾经号称国门。到了这个城门前,文官要下轿,武官要下马。明朝时叫大明门,清朝时叫大清门,1644年李自成进北京后,改此门为"大顺门"。可惜匾额还没刻好，李自成就败退出了北京。到了民国时改称为中华门。中华门始建于明朝永乐年间，是皇城建筑的重要组成部分。从以上的名称演变中，可以看出这个大门的崇高地位，不愧于国门的称号。说到称号，不由得联想起一段趣事。中华民国成立后，要将大清门更名为中华门，本想把大清门石匾翻过来，刻上"中华门"。等把石匾拆下来才发现，大清门石匾的另一面刻着"大明门"。原来清朝人在200多年前就已经用过这招了，无奈之下人们只好做了一块中华门木匾给挂上了。

中华门的三个门洞，平时都处于关闭状态，遇有皇家的重大事项才会开启。门前是长宽数百步的正方形小广场，周围有石栏围绕，明朝时这里是个热闹的市场，俗称"棋盘街"。明清时期的天安门广场和我们现在看到的广场也不一样。那时候中华门两侧都有一直向北的朱红色城墙，延伸到长安街后，又分别向左向右各延伸一段距离，然后跨过长安街与现在天安门两侧的红墙相连接。在这个范围内形成了一个T字形广场，这就是最早的天安门广场，五四运动大游行、中华人民共和国开国大典都是在这个广场上举行的。

早年间，中华门两边红墙的内侧，是著名的连檐通脊的千步廊，从天安门前到中华门内，东西两侧共有288间，中央政府各机关都在这里设有

办公场所。在现如今靠近长安街中心的位置，东西各开一门，东边的是长安左门，科举考试的皇榜就在这里张贴，所以又称龙门。西边是长安右门，这里公布皇帝对秋审罪犯的裁决，因此被称为虎门。因为中华门与皇城连为一体，是进入皇城的第一道门，因此被视为国门。

1958年，天安门广场地区开始了史上最大规模的拆迁，除了纪念碑外，中华门、棋盘街、千步廊、广场上的红墙，以及周边数十条胡同相继被拆除。在这里建起了中国历史博物馆（今为中国国家博物馆）、人民大会堂和我们如今看到的天安门广场。现在毛主席纪念堂所在的位置，就是中华门的原址。

当年明朝大学士解缙为大明门题写的对联——"日月光天德，山河壮帝居"，更加彰显出国门的庄严和神圣。

72. 老北京的庙会

本篇和各位聊的是老北京的庙会。

扫码听音频

北京老话儿说:"你真是泥捏的兔儿爷拍心口——没心没肺。"意思是说,某人大大咧咧的,没有心计。

这泥捏的兔儿爷最初只是在中秋节出现,后来成了老北京庙会的常客。庙会起源于古代的社祭,有庙就有逛庙烧香的人,庙里的佛事定期举行,有大量人员聚集,商贩为供应游人信徒的需求,因而百货云集,渐渐地就形成了庙会。北京的庙会大约开始于辽代,兴盛于明清。庙会一般每月3次,比如逢五的,就会在每月的初五、十五、二十五举行。每个庙会的日期不一样,商贩们就来回赶场子。最隆重的庙会是官方参与的祭祀护佑城池的城隍老爷的城隍庙庙会。北京最权威的城隍庙,毁于清末的一场大火，留下一个地名叫"闹市口"。京城庙会有两大类：一类是定期举行佛事活动，有商贩聚集的庙会；一类是寺庙附近商贩定期汇集的集市性庙会。也有特殊的，比如妙峰山庙会就没有集市，还有天桥厂甸那地方，有集市但没有很出名的庙，也叫庙会。

历来的庙会活动都是在祭神、娱神以至娱人。庙会得以流传至今，一是来自信仰，二是附设的商业活动，满足了平民百姓的生活以及娱乐需求。老年间京城有庙会20多处，著名的庙会有白塔寺、护国寺、隆福寺、东岳庙、花市、天桥、厂甸、土地庙等庙会。崇文门外的火神庙，因为多是售卖制作精美的绫花、纸花、绢花，而被称为花市。

　　早年间京城最隆重的庙会，是官方组织、民间参与的祭祀护佑城池的城隍老爷的城隍庙庙会。那时候位于城东的大兴县城隍庙（位于今北京市东城区大兴胡同）和位于城西的宛平县城隍庙（位于今北京市西城区东宫房），有"城隍出巡"活动。人们将庙内城隍的塑像抬出来，敲锣打鼓、前呼后拥地一直走到闹市口的都城隍庙，沿途表演各种民间花会，引来众多的围观者。

　　规模较大的庙会除了有售卖商品、各种吃食的，还有说快板、唱大鼓的，耍把式卖艺的，舞狮子、跑旱船、踩高跷的，以及吹糖人、捏面人的，拉洋片、耍猴的，等等，人山人海热闹非凡。妙峰山的庙会没有市场，是京城最大的进香花会。花会是民间自娱自乐的组织，表演舞狮子、踩高跷、五虎棍、耍中幡等，自古师徒相传，会首是主要传承人，各有自己拿手的表演项目。每年春秋两次的妙峰山进香庙会，北京、天津、河北等地的花会都会赶来朝山，最多时有300多个花会。各路花会云集，蔚为壮观，都使出自己的绝活，争相献技。妙峰山庙会还有为香客提供服务的各种香会组织，各行各业的人自愿参加，为庙会的成功举办贡献力量。现在妙峰山已经恢复了每年的春香庙会。

　　得嘞，天不早了，咱们是兔儿爷打架，收摊了。

73. 现代北京辖区的演变

扫码听音频

本篇和各位聊的是现代北京辖区的演变。

北京老话儿说:"瞧瞧人家,真是过日子的好手,猛往家改搂。"意思是说,把东西往自己家搬,努力把家里的日子过好。

现代北京市的区域变化,也是这么"改搂"过来的。说到根上,这与北京的地位有关,因为任何一个朝代的权力中枢,都不得不顾及政治、经济、特别是军事方面的考量。元朝在北京建大都,把北京以北的昌平、延庆都划给大都路管辖。清朝在北京建都,顺义、密云都划给顺天府管辖。到了民国把国都迁至南京,北京就只是个特别市了。那时候北京的区域范围东边不到通县,南边不到黄村,西边刚过石景山,北边过了颐和园就没多远了,面积也就百十平方公里。所以那时候北京的行政机构,很多都标注华北。比如华北绥靖公署、华北行政委员会等。1948年,解放军划定东至通州,西至门头沟,南至黄村,北至沙河的范围,为北平军事管制区。这几乎是解放初期北京的辖区范围。

中华人民共和国定都北京后,1952年,华北行政委员会将热河省宛平县及房山县的一部分村划归北京市,与门头沟区合并组成京西矿区。1956年,又把河北省的昌平县,以及通县所属的金盏等7个乡划归北京市。昌平县改为昌平区,金盏等7个乡构成了朝阳区的大部分辖区。1957年,河北省顺义县中央机场场区和进场公路划归北京市管辖。

北京最大的一次扩容是在1958年3月,当时,国务院将河北省的顺义、大兴、良乡、房山、通县5个县和通州市划归北京市。紧接着在当年的10月,又把河北省的怀柔、密云、平谷、延庆4个县也划归北京市。通县和通州市合并为通州区,良乡县和房山县合并为周口店区,后改为房山县。大兴县和南苑区合并为大兴区。基本上形成了如今北京的市域范围,总面积扩大到了 1.6 万平方公里。

北京的石景山区情况比较特殊，成立于 1952 年，1958 年撤销，1963 年又以石景山的名称成为北京市政府的派出机构，1967 年恢复了石景山区的建置。还有一个特殊的存在，是很多人都不知道的通州市。因为这是一个短暂的存在，1948 年 12 月通县解放，才分置了通县和通州市，但是仅仅 10 年就又合并到了一起。

通州、顺义、大兴、房山、怀柔、密云、平谷、延庆曾经一度称区没多久又改称县。1986 年房山县和燕山区合并，设立房山区。自此北京开始了新一轮撤县设区的进程。2015 年 10 月，随着密云、延庆 2 个县完成撤县设区，标志着北京市正式告别了县治时代。

现如今北京市政府迁到了通州区，大量的北京原住民迁出老城区，古老的北京很可能会迎来新的历史变革。

74. 明清时期的北京顺天府

扫码听音频

本篇和各位聊的是明清时期的北京顺天府。

北京老话儿说:"皇帝坐在金銮殿,左脚踩大兴,右脚踩宛平。"意思是说,坐在龙椅上,两只脚就分别放在了大兴县和宛平县的辖区内。

说起顺天府,咱们得先说说天府。这"天府"除了天子龙兴之地,是不能随便叫的。中国几千年历史上,也仅有四大天府,分别是:应天府、顺天府、承天府、奉天府。顺天府是明朝设于京师的府署,是都城的地方行政机关,掌京城政令,相当于现在的北京市政府,清朝沿用了这个名称和机构。顺天府的最高长官称为府尹,京城里高门大户众多,这个府尹就必须有显赫的地位,一般由亲王或有威望的朝廷重臣担任。顺天府为正三品衙门,比别的府衙高三级。一般正三品衙门只能用铜印,顺天府用的却是银印,地位等同于封疆大吏。雍正皇帝还为顺天府御书训辞说:"畿甸首善之区,必政肃风清,乃可使四方观化。非刚正廉明者,曷可胜任。"府衙旧址在如今鼓楼东大街路北的东公街胡同内,这里也曾经是元朝大都路衙署。民国以后,原有建筑改建,先后改为学校和大量民宅。现在是教育学院东城区分院,院内还留存有府衙大堂等少量古建筑。

明朝时顺天府只辖有大兴和宛平两个县，以京城中轴线为界，大兴县管辖东半部，宛平县管辖西半部，所以有了"皇帝坐在金銮殿，左脚踩大兴，右脚踩宛平"的说法。大兴县署在如今东城区交道口附近大兴胡同内，那个地方现在是东城区公安局。大兴县署对面的城隍庙，还存有石刻纹饰的山门，两侧的楹联上的字迹还依稀可辨，写的是："阳世奸雄违天害理皆由己，阴司报应古往今来放过谁。"

宛平县署在如今平安大街北侧的东官房儿胡同，痕迹已经荡然无存了，现在是中国妇联干部学院和民宅。清朝时，顺天府的辖区不断扩大，到乾隆年间，顺天府统管北京周边通州、蓟州、涿州、霸州、昌平5个州，以及大兴、宛平、良乡、房山、东安、固安、永清、保定、大城、文安、武清、香河、宝坻、宁河、三河、平谷、顺义、密云、怀柔19个县，统称为24州县。由于地域广阔，顺天府不得不增设一级管理机构，按东、西、南、北路，分片管辖各路州县，简称四路厅。中华民国定都南京后，顺天府署被改为京兆地方。顺天府最早的2个县，也在1928年改属河北省，迁出了北京城。宛平县政府迁至拱极城，1952年重新划归北京市后撤销建置。大兴县政府则迁至了南苑大红门，1958年重新回归北京市，落在了黄村。

顺天府从1403年定名，到1914年结束，履行了长达511年的历史使命。

75. 北京的广利桥、拱北城

扫码听音频

本篇和各位聊的是北京的广利桥、拱北城。

北京老话儿说："小小屯兵拱北城,城内三百三十兵。"意思是说,这个不大的城,是用来驻扎军队的。

今儿我们要聊的是北京非常著名的一座桥和一座城。但是,我要是说它的本名您就不一定知道了。这座桥,叫广利桥,这座城,叫拱北城。您知道是哪儿吗？这座桥有个俗名,叫卢沟桥,这座城1928年改的名字,叫宛平城。

卢沟桥所在的这条河,古称卢沟河。这里有渡口和浮桥连接通往中原的大道,因此是进出北京的咽喉要道。金朝定都中都（今北京）后,人来车往,特别是军队和物资的运输就显得非常紧张。1188年,金世宗下令在卢沟河上建一座石桥。不过还没动工,他就病逝了。继位的金章宗于1189年开始建桥,1192年建成,赐名广利桥。这座桥全长266.5米,有11个桥孔,两侧桥栏有石雕栏板279块,望柱281根。它有两个最出名的特点,一是船形桥墩的迎水面做分水尖,尖端加装三角铁柱,称"斩凌剑",以抗御洪水和冰凌。二是雕刻的狮子数不清。几百年来不知道有多少人,用多少种方法,也没能数出个准数来。现在的数字是有501只,不知道会不会还有新发现。卢沟桥悠久的历史、精美的石刻、独特的结构和建造技艺,是当之无愧的国之瑰宝。20世纪70年代,卢沟桥还曾经有载重430吨的车辆通过。

聊了卢沟桥,咱们再聊聊那座拱北城。卢沟桥为出入北京的要冲之地,为守卫卢沟桥,从京城至良乡,每5里就筑一个墩堡,派兵驻守,传递军情。到了明朝崇祯十三年（1640年）,为防备李自成进攻,巩固京城防守,在卢沟桥之东建筑城池,屯兵扼守要道,名为拱北城。城池只开有东西两个直对着卢沟桥、带有瓮城的城门。城池不大，东西长 640 米，南北宽仅 320 米，城体紧凑而严密，防护性极强。这里常年驻有重兵把守，更像是一个超大号儿的桥头堡。古人形容它说，"局制虽小，而崇墉百雉，严若雄关"。

拱北城曾经两次更名。清朝叫拱极城，1928 年民国政府将宛平县政府迁至拱极城，这才改称为宛平城。真正让卢沟桥和宛平城声名鹊起、天下皆知的，是卢沟桥事变。因此，现在这里建起了中国人民抗日战争纪念馆，成为爱国主义教育基地，记载了中国近现代史上，从中国全民族抗日战争开始，到取得最终胜利的伟大历程。

卢沟桥以其悠久的历史、壮观独特的建造技艺和宛平城一起构成了古代最完美的交通节点和古代北京城外围的防卫体系，在北京城市发展中发挥了特殊的作用，在历史与文化、科学与艺术、战争与和平等方面，形成了独特的文化和精神价值，成为北京历史上独一无二的存在。

76. 北京的古代考场——贡院

扫码听音频

本篇和各位聊的是北京的古代考场——贡院。

北京老话儿说："这骨节儿上，可千万别掉链子。"意思是说，关键时刻，一定不要把事情办坏喽。

今儿我们聊的这贡院，就是一个不能掉链子的地方。贡院是古代科举制度下，国家选拔人才的考场。贡院之设，始于隋唐，终结于清末。从605年开始，到1905年为止，历经了1 300年。

科举制度要经过分层选拔，学子们首先要通过每年举行一次的县、府两级考试成为童生。童生再通过院试成为秀才后，才能参加乡试。全国分为15个省级乡试考场，分别设置贡院，省级乡试每3年在农历八月举行一次。乡试考中了，就是举人了。次年的农历二月，各省的举人进京赶考，参加3年一次的全国会试，考中者成为贡士。四月，皇帝亲自主持由贡士参加的殿试，考中者分为三甲：一甲的3个人赐进士及第，分别获得状元、榜眼、探花称号；二甲赐进士出身；三甲赐同进士出身。一甲的3个人直接授予中央官职，二甲、三甲的还要参加朝考，结合殿试的成绩，授予庶吉士及州、县等不同级别的官职。如今我们常说的连中三元，就出自科举考试制度。只有乡试、会试、殿试都取得第一名，才可以被称为连中三元。

北京贡院建成于1415年，旧址在如今建国门北侧，中国社会科学院一带，面积很大，布局严谨，墙垣高耸，公堂、衙署高大威严。最初考场是一排排用木材、苇席搭建的考棚，分隔成9 000多间十分简陋狭小的考号。号房既是考试的地方，又是考生吃住的场所。每人发一个炭盆做饭取暖，用蜡烛照明，极易引发火灾。1463年考试的时候，就发生过火灾，90多个考生被烧死。1511年考场扩建，改为砖瓦结构，考试环境有了很大改善。到了光绪年间，由于考生太多，贡院再次扩建，考号数量达到15 000间。

北京贡院是全国会试的场地，也是顺天府乡试的考场。主考官必须是进士出身。参加顺天府乡试的，除了京城考生，还包括直隶省和奉天府的考生，以及八旗生员、监生、京官儿亲属、书院的学生，所以考试规模是全国最大的。顺天府乡试录取举人的名额，也是全国最多的。1744年录取举人达到213人。因此，还曾经发生过类似于如今高考移民的"冒籍渊薮"事件。乡试期间，京城各衙门几乎倾巢出动，参与贡院内外的各种服务，如此盛况应该与如今的高考有一比。八国联军进北京后，贡院被德国军队占领，他们天天拆房，变卖建筑材料，庞大的贡院在数月间被拆成了一片断壁残垣，以至于如今除了地名，北京贡院已经荡然无存，与古老的科举制一起，消逝在历史的长河之中。

77. 北京地区的古城池

扫码听音频

本篇和各位聊的是北京地区的古城池。

北京老话儿说："可惜了啦，那点儿家底儿全给攮秃噜了。"意思是说，不知道珍惜，把老祖宗留下的东西都弄没了。

今儿我们就聊聊那些被攮秃噜了的北京地区的古城池。

如今我们在北京地区能够见到的完整的古城池，恐怕只有建于明朝末年的拱北城，也就是宛平城了。但是你可能不知道，在北京地区曾经屹立过的古城池中，拱北城可以说是最年轻的、规模最小的一个屯兵小城堡。这么说并不是小看宛平城的历史地位和价值，而是陈述历史事实。

北京地区建设城池的历史，可以追溯到商周时期，既有诸侯国的国都，也有占据半壁江山的辽金都城，这有泱泱大国的京城，更多的是分管天下一隅的州府、县城，哪个都比宛平城历史悠久、规模宏大。比如距离宛平城不远的良乡县城，秦朝时就开始在现今的窦店镇建起了城池。932年又迁至如今的良乡镇建设新城，明朝于1567年再次重修，新的城池是砖石结构，东南西北四门都有瓮城。城池周长6里多，城内县公署、庙宇、学校、市场、居住区等一应俱全，面积接近3个宛平城。

再比如通州城，西汉初年置县，古称路县，公元前195年，在如今潞城镇古城村筑城。唐朝时，县城迁至如今通县旧城一带，建了新城池。金代改称通州，明代又一次重建通州城。2016年经过考古确定了西汉故城遗址的位置，城址非常完整，总面积约35万平方米。据说今后要修建成遗址公园。

其实在北京地区不仅仅是良乡和通州，在昌平、顺义、房山、密云、延庆、怀柔、平谷等几个建制年代久远的州县，都曾经有规模很大的城池。这些城池一般都有东西南北4个门，城内有连接四门的十字大街，不但有州县衙署等政府机构，还有军营、鼓楼、庙宇、学堂、民宅、市场、驿站、酒肆茶楼以及各种商铺，是一个区域的政治经济中心。

这众多的城池，曾经在京城大地屹立了千百年，陪护了世代的北京人。然而到了清朝末年国力逐渐衰弱，这些城池也因为缺乏维护而开始逐渐衰败；又发生了外国入侵和军阀混战，以及大规模的抗日战争、解放战争，在现代武器的攻击下，古老的城池遭到了严重的毁坏。随着战争的结束，人们要重整旧河山，开始了大规模的开发建设。在追求新生活的热情面前，那些残破的城池成了又碍眼又碍事的存在，故而相继消失。

让人无语的是，仅仅过了50年，人们又怀念起了那些老城池，费心地寻找它们的残迹，还修复起一段段不足百米的城墙，可能是想借此作为历史上城池曾经存在的见证吧。

78. 北京哪一年开始有了自来水

扫码听音频

本篇和各位聊的是北京哪一年开始有了自来水。

北京老话儿说:"扁担挑,水舀子,水缸,水氽儿,把儿缸子。"意思是说,老年间北京家庭中必备的几种用水工具。在北京话里是这么说的,我给您学学:"二头儿,干点活儿,拿水舀子去水缸里舀点水儿,灌水氽儿里,放火炉子上。水开了,拿把儿缸子沏点茶。慢着点儿啊,可别烫着自个儿。"说这话的一般是家里的奶奶或姥姥。这里的二头儿,是排行第二的男孩,如果是女孩就会喊二丫头,不管你是十二三,还是二三十,老人们都会这么叫。

接下来我们要聊的,就是京城生活用水的一些往事。

北京建筑城池以后用水主要是靠凿井。现在还有东周、汉朝、隋唐、辽金时期的水井遗迹。元朝新建了北京城,随着人口的增长,水井的数量也不断增加,到清光绪年间,北京城的水井有近 2 000 眼。不过这些水井有甜水,也有咸涩的苦水,苦水用于洗衣服,甜水用来饮用。还有一种介于两者之间勉强可以饮用的水,北京人叫它二性子水。甜水井是私人的,取水是要钱的。有被称为"水三儿"的水伕,拉着水车送水上门,也可以自己打水。与普通百姓不一样的是,大户人家会在自家院子里备下 10 米以上的深井,都是甜水井。皇亲国戚享用的则是水质更好的玉泉山的泉水。故宫里也有不少水井,但那主要是用来防火的。

到了 1910 年,京城以官督商办的形式,成立了一家自来水公司,有了第一座水厂——东直门水厂。东直门水厂日供水能力不到 2 万立方米,供水管线 147 公里,自来水只供豪门贵族。经历了晚清、民国等时期,至 1949 年,北京也仅有东直门一座水厂、364 公里供水管线,日供水 5 万立方米。绝大多数北京人仍然喝不上,也喝不起自来水。

| 78. 北京哪一年开始有了自来水 | 161

中华人民共和国成立后,组建了新的北京自来水公司,北京的自来水事业才得到了大发展,普通百姓不但用上了自来水,而且越来越方便。

1949年，龙须沟地区安装了第一批公用水站，拉开了全市普及自来水的序幕。到1967年，已经安装了水站2 600多个，每个居委会至少有1个。古老的水井，被老百姓称为"水管子"的公用水龙头所取代。最初虽然有了水站，家家仍然得预备扁担水桶，肩挑手抬从水站往家运水。到了冬天满地都是冰，取水就更困难。为了更好地为居民服务，1973年起，自来水公司开始实施自来水进院的浩大工程。用了10年才实现了院院通水的目标。

如今，北京已经有29座大型水厂，在工艺、技术、检测等方面达到了现代国际水平。日供水能力470万立方米，供水管线约1.8万公里，市民不仅都用上了自来水，而且自来水直接入户，不出门就可以用上自来水。各位，想想从前取水的难处，现在是不是充满了幸福感？

79. 与北京联系最紧密的郊区县

扫码听音频

本篇和各位聊的是与北京联系最紧密的郊区县。

北京老话儿说:"京城炊烟起,运煤靠骆驼。"意思是说,北京城是依靠骆驼运来了取暖做饭的煤。

说到煤,就会想到北京西郊的门头沟。没错,今儿我们就要聊聊与京城联系紧密、物产丰富、底蕴深厚的门头沟。

门头沟处在太行山余脉,百分之九十以上都是山。高山峻岭连绵起伏,沿着曲折的山间道路可以进入山西,直通大漠,是西北进入北京的重要通道,自古是兵家必争之地。几乎历朝历代,都会在山沟隘口建关设卡,常年驻军。由于门头沟在军事上的重要性,又有水源丰沛的永定河穿境而过流向京城,因此,从蓟城、燕都起,它就与历朝历代在北京地区的中心城市有着密切的联系。

门头沟的矿藏、山林可以提供陶器等日用品。自从辽代开采出煤矿后,它就同时具备了军事、水源、燃料、建材等城市赖以生存的资源和条件,使门头沟与京城的联系更加紧密。由于煤和石灰石的储量巨大,早年间门头沟人戏称自己吃的是黑白两道。到了现代,门头沟是北京郊区第一个市直属区,可见门头沟在北京市社会生活中的重要性。应该说门头沟煤矿和石灰石的开采和加工,为京城的发展做出了极其重要的贡献。

北京门头沟不仅乌金遍地下,更有百宝满山川,已经探明的矿藏就有20多种,烧制石灰的历史有上千年。妙峰山有万亩上等玫瑰,百花山更是百花争妍。大山中出产的京白梨、纸皮核桃、白蜜、扁杏仁、香白杏、红杏、樱桃、磨盘柿、盖柿等优质的干鲜果品,历来享有盛名。

门头沟的军事、经济地位,众多的物产,蜿蜒盘旋覆盖全境的古道网络,促进了这里宗教、商业、服务业的繁荣与发展。门头沟不但有年代久远的寺庙，还有长城、堡垒、敌楼、敌台、关城、驿站等军事设施和完整的古村落，具有丰富多彩、独具特色的地域文化。京西太平鼓、古幡会、大鼓会、五虎少林会，以及紫石砚雕刻技艺、石灰加工、陶器制作和700多年来窑火不熄的琉璃烧制等独特的工艺，使门头沟的非物质文化遗产项目达到75项，其中妙峰山花会等5项非物质文化遗产，还被评定为国家级非物质文化遗产。

如今门头沟不再依赖黑白两道，转而发展高新技术产业，恢复青山绿水，利用大山大河、历史遗存和文化传承发展旅游业，将京西商道、军道、香道等古道资源梳理整合，串联起琉璃博物馆、石灰窑遗址公园、地质公园、古村落、关城、驿站等众多文物古迹。潭柘寺、戒台寺、百花山、妙峰山等风景区，构成了丰富的旅游资源，成为市民休闲娱乐的宝地，门头沟与京城的联系更加紧密。

80. 潭柘寺名称的由来

本篇和各位聊的是潭柘寺名称的由来。

扫码听音频

北京老话儿说:"凡事它都有个由头。"意思是说,每件事的发生都是有原因的。

潭柘寺始建于西晋永嘉元年(307年),距今已有1 700多年的历史,因此,北京老话儿说:"先有潭柘寺,后有北京城。"潭柘寺周围群峰环护,气候温暖,古树参天,翠竹名花点缀其间,显得幽静而又肃穆典雅。今儿我们就来聊聊潭柘寺为什么叫潭柘寺。

潭柘寺最早的名字叫嘉福寺,是佛教传入北京地区后修建最早的一座寺庙。在经历了438年北魏太武帝、574年北周武帝先后发动的两次声势浩大的"灭佛运动"后逐渐破败。697年唐朝武则天时期重建,嘉福寺改名为"龙泉寺"。842年唐朝的武宗、955年后周的世宗又两次"灭佛",寺庙再一次受到严重损毁。1141年金朝的熙宗皇帝拨专款,对潭柘寺进行了大规模的整修扩建,把寺名改为"大万寿寺",这是第一次由朝廷出资大规模重修潭柘寺。此后元、明、清三朝皇帝、皇后又多次拨专款进行整修扩建。明朝时曾经一度改回"龙泉寺",后来明英宗皇帝认为还是最初的名字好,于是下旨又改回了嘉福寺。清代康熙皇帝再次给改名,并亲笔题写了如今我们看到的寺额——敕建岫云禅寺。

也就是说自金朝起,这座禅寺就成了北京地区最大的一座皇家寺院,住持要由皇帝钦命。潭柘寺也因此声名日盛,不仅皇亲国戚,就连历朝的皇帝,也时不时地到潭柘寺。金朝的熙宗、世宗去礼佛。元世祖忽必烈的女儿为了替父赎罪,到潭柘寺出家。元顺帝请潭柘寺住持享用御宴。明朝那位协助朱棣取得皇位、建设北京城的姚广孝,功成名就之后,到潭柘寺隐居修行,明成祖朱棣曾亲自前往潭柘寺探望。清朝康熙、雍正、乾隆、末代皇帝溥仪,曾经多次到潭柘寺。1929年蒋介石来北京,也专程前往潭柘寺。

前面咱们一直在说潭柘寺,说了另外几个名称的来历和出处,就是没说"潭柘寺"这个名称的来历和出处。这是因为"潭柘寺"这个寺名,产生于民间,它只有来历没有出处。"潭柘寺"三个字,表示的是三个标识物:"潭"表示的是一潭清水,"柘"代表的是比较少见的柘树,"寺"是一座寺院。一个水潭,周围生长着一些柘树,建起了一座寺院。这就是"潭柘寺"这个名称的来历。可以说"潭柘寺"就是个俗名,但是俗名被叫了1 000多年也没改过,而皇上给起的学名却没几个人能记住。

最后来一道测试题:在一分钟内,完整说出现在潭柘寺寺额上皇帝题写的寺名。您还记得住吗?

81. 天安门前的华表

扫码听音频

本篇和各位聊的是天安门前的华表。

北京老话儿说:"您甭嫌这东西难看,捯饬捯饬就变样了。"意思是说,难看的东西,认真修饰一下就漂亮了。

今儿我们要聊的这华表,就是从难看捯饬得漂亮的。

北京天安门前高高矗立着一对汉白玉华表,华表通高近10米,直径近1米,重1万多公斤。华表底部是正方形须弥座柱础基,石柱上盘绕着一条巨龙,麟角峥嵘,栩栩如生。石柱上端横嵌着一块雕满祥云的云板,云板的上边则是一个圆盘,是承露盘,圆盘之上昂首蹲坐着一尊神兽。整个华表上圆下方,庄严肃穆,巍然屹立,仿佛直插云端。但是,你可能怎么也想不到,它的前世是有多难看。

据记载,华表产生于尧帝时期,当初是非常简陋的。一般是在朝廷的办公建筑、路口等繁华的地方挖个坑,埋上一根木柱,上面横着安装一块木板,仅此而已。它最初的用途,一是指路牌和标注方向,二是通过影子来标识时间。人们在实际使用中,又给它附加了一个留言的功能。后来尧舜二帝广开言路，虚心向民众征求意见，任何人都可以把自己的看法留在华表上，由专人上报朝廷。从这时候开始，人们给它改了一个形象名字，叫诽谤之木，简称诽谤木。注意，"诽谤"这个词，在古代与我们今天理解的词义可是不一样的。"诽谤"在古代是议论的意思，就相当于现代的提意见。可见古时候的华表虽然没那么漂亮，却具有广泛的实用功能。

大约从东汉时期开始木柱变成了石柱，也不再伫立在交通要道上，而是竖立在帝王的宫殿、桥梁、陵墓等地方，演变成了代表统治者威严的装饰品。从此"诽谤之木"改变了功能，经过不断完善，捯饬成了后世的华表。

北京天安门一共有4个华表，它们建于明朝，到现在已经有500多年历史了。其中两个位于天安门的前面，但是它已经不在原来的位置了，而是向北移动了6米。另外两个华表则在天安门的后面，一直待在500多年前的位置上。这4个华表虽然看上去一模一样，其实它们还是有区别的，不同之处在于华表顶端的神兽。传说这个神兽是龙王的儿子，名叫犼，人们把它置于望柱之上，是因为它有登高守望的习惯。它还喜欢对天咆哮，所以又俗称"朝天吼"。天安门前面那对华表上的石犼，是面向皇宫外面的，有一个专属的名字，叫"望君归"，喻意是盼望外出的皇帝，尽快回宫料理国家大事。而天安门后面的那对华表上的石犼，是面向皇宫内的，也有专属的名字叫"望君出"，喻意是提醒皇帝经常到外面去深入基层，了解民情。

如今，华表更大的作用是代表中华文化的传承。

82. 曾经享誉京城的灯塔牌肥皂

扫码听音频

本篇和各位聊的是曾经享誉京城的灯塔牌肥皂。

北京老话儿说："脖子黑的跟车轴似的，拿胰子好好洗洗去。"意思是说，脖子像车轴一样脏，必须用肥皂才能洗干净。

我们现在用的洗涤用品五花八门，有洗衣粉、洗洁精、沐浴露、洗发水、洁面乳、增白皂、香皂等等，但是这些都是近100年来从国外引进的。那么，老北京人用什么来美容养颜、去除污垢呢？其实那时候居家必备的洗涤用品是胰子。胰子质地细腻、去污力强，既可以洗衣服、洗脸沐浴，还可以防止皮肤冻裂、皮肤干燥，有润肤护肤的神奇功效。胰子是用猪胰脏经过特殊工艺制成的"猪胰子皂"，俗称胰子。常见的是灰白色乒乓球大小的球形，也有最初专门为皇宫生产的，添加了各种天然香料的香胰子。

19世纪末，西方肥皂工业兴起，崭新的配方，大规模的工业化生产，使得肥皂、香皂以低廉的价格、独特的香味、漂亮的包装，迅速进入中国市场，胰子很快被外国肥皂所取代。由于肥皂与胰子的加工技术近似，只是不再用猪胰脏，而是换成了适应工业化生产、去污力更强的碱等材料，因此，北京很多生产胰子的小作坊，就转而生产肥皂了。到1949年北京就有了700多家生产肥皂的作坊，每年能生产肥皂1000多吨。1956年实行公私合营，这些作坊合并成了4个肥皂生产合作社。到20世纪60年代末，北京仅剩下前门外"合香楼""花汉冲"等少数老胰子店了。1958年，在4个肥皂生产合作社的基础上，组建成了北京日化一厂，在继承传统古法肥皂的同时，吸收现代技术工艺，开始了大规模的工业化生产。经过多年的准备，到1964年，北京日化一厂率先采用先进的脱色脱臭工艺，推出了享誉京城的灯塔牌肥皂。在那个物资短缺的年代，每个人一个月只能凭票购买一块。灯塔牌肥皂还成为机关企业指定的劳保用品。那时候北京的家家户户使用的都是灯塔牌肥皂,灯塔牌肥皂几乎垄断了整个肥皂市场,老胰子也彻底消失了。北京日化一厂不断扩大产能,曾经创造了年产肥皂3.8万吨的最高产量,即便如此,灯塔牌肥皂还是经常处于脱销状态,其受欢迎的程度可见一斑。

社会总是在不断发展的,1980年家用洗衣机开始进入市场,人们逐渐脱离了对搓衣板和肥皂的依赖,肥皂的市场需求急剧萎缩。随后发生的事更是雪上加霜,从1995年起大批外国企业涌入,外资日化产品几乎全面占领了北京乃至于全中国的市场。在这个大潮的冲击下,灯塔牌肥皂几经挣扎,最终还是倒下了。1997年北京日化一厂保护性破产,曾经辉煌的灯塔牌肥皂,就此成为历史。

现在还有一些北京的老人,保留着并不值钱的灯塔牌肥皂,留着的是那一点念想。

83. 一场大火烧出的 17 000 两黄金

本篇和各位聊的是一场大火烧出的 17 000 两黄金。

扫码听音频

北京老话儿说:"卖水的瞧见河,那可都是钱呐。"意思是说:干什么工作的人,就会格外关心相关的事。

今儿我们要聊的,是一场火灾和金钱的事。

这件事发生在北京紫禁城中的建福宫。这建福宫位于现在故宫西六宫的西侧,建于清乾隆七年,也就是 1742 年,是乾隆皇帝为自己"备慈寿万年之后居此守制"准备的地方。乾隆帝十分喜爱建福宫,还专门作了《建福宫赋》《建福宫红梨花诗》等诗作,把最钟爱的珍奇宝物也收藏于此。后来嘉庆皇帝下令将其全部封存。溥仪皇帝年少时,曾经下令打开了一处封条,只见满屋子都是堆到房顶的大箱子,里面装满了字画、玉器、金银器等奇珍异宝。后来溥仪把自己的结婚礼物,也都存放到了这里。1923 年的时候溥仪皇帝虽然退位了,但是仍然以皇帝的尊号,带着自己的小朝廷住在故宫里。这一年的 6 月 26 日晚上,建福宫,这个清宫存放珍宝最多的地方,突然着起了大火。冲天的火光引起了附近居民的关注。位于东交民巷的意大利公使馆消防队,最先赶到紫禁城救火。紧跟着,民国政府的消防队、大批的警察也蜂拥而至。但是火实在是太大了，水实在是太少了。最后决定把所有的水带都接起来到筒子河里取水，可是就这么一根水管，一把水枪，这景象让在现场的人真正体会到了什么叫杯水车薪。大火四处蔓延，无奈之下只好采取了拆除隔离的办法，眼睁睁地看着一座又一座木结构的宫殿，在熊熊火焰中坍塌下去。直到第二天中午，大火终于熄灭了，共烧毁房屋数百间，建福宫里整箱的奇珍异宝，延寿阁里的古代名人书画，广生楼里的藏文大藏经，吉云楼、凝辉楼的数千件金佛、金塔、金法器，院子里数百年的参天松柏统统付之一炬。

大火是着完了，接着就是清理废墟的事了。为了清理这一片废墟，内务府找来北京各家金店投标，让他们出钱购买废墟。最终，以 50 万银元的价格成交。中标的这家金店可是赚大发了，他们在废墟里拣出了被熔化的黄金 17 000 多两。内务府的人又把剩下的残渣灰烬装入很多麻袋，悄悄地把这一袋袋含金量十足的灰烬，运回了自己的家。

至于起火原因，当时官方给出的说法是，由于缺乏用电知识，导致漏电失火。但是溥仪一直怀疑，这场大火是太监们为了掩盖偷盗行为而故意放火，下令严查。但最终毫无结果，他一气之下把太监们都赶出了皇宫。

这场原因不明的大火，烧毁了故宫不少的古建筑，对中华文化传承更是一场浩劫，很多孤本古籍、历代名人字画、精美的工艺品以及价值连城的宝物，都在这场大火中化为灰烬，不由得让人连声叹息。

84. 老北京的一句俏皮话

本篇和各位聊的是老北京的一句俏皮话。

扫码听音频

北京老话儿说："打磨厂的大夫——懂得帽（董德懋）！"意思是说，别人知识浅薄，什么都不懂。

在北京话里由不学无术引申出了傻帽这个词，傻帽儿又衍生出了比较含蓄的说法——懂得帽、傻缺、冒爷等词语。在日常生活中一般是这么说的，比如几个人正在聊通州燃灯塔，张三刚说出"燃灯塔嘛，顾名思义啊"，李四立刻出声，张嘴就来一句："你懂个帽，不懂就别瞎咧咧，跟个傻缺似的，就不怕让人笑话。"

如果关系一般就会说："冒爷，你那又乱侃什么呢？"

这些词语虽然都带有贬损之意，是北京人吵架、损人的常用语，但是有时候也可以用来表达爱怜的情绪。

比如说：小傻帽儿，别听他们的，他们出的都是馊主意。

也可以说：咱可不做那傻缺，让人当枪使。

总之，傻缺、傻帽儿，往往表达的是认为别人太笨。

懂得帽，更多的时候表达的是对别人的轻视。相当于说：瞧你那样，懂什么呀，一看你就是什么都不懂。

打磨厂的大夫——懂得帽，这句北京歇后语和别的歇后语不一样，它是有出处的，出处还有故事。这个故事和一个曾经在京津冀地区都非常有名的中医大夫有关。这个人的名字叫董德懋。

董德懋是北京房山人，1937年毕业于华北国医学院中医系，是京城四大名医施今墨先生的得意弟子。擅长内科、儿科，对脾胃学很有研究，针灸技艺超群，有"金针董德懋"的美誉。毕业之后他给老师当了几年助理，然后在打磨厂开了一家医馆，招牌上写的是"董德懋医馆"。开业时间不久，他就凭借高超的医术，有了京城四小名医的称号，慕名而来就医的人络绎不绝。然而就在董德懋事业蒸蒸日上的时候，烦恼也来了。不知道是哪个好事之人，对董德懋这三个字的语音产生了兴趣，并且与常用口头语联系在了一起。再经过不知道多少人，在谐音的基础上提炼加工，创作出了传遍四九城的歇后语：打磨厂的大夫——懂得帽。这句歇后语，给董大夫带来了极大的麻烦，他被困扰得不轻，甚至想把自己的名字改了。最后还是听从老师的劝导，打消了改名的念头，专注于治病救人，在中医药领域辛勤耕耘。他曾担任华北国医学院副院长，还出版了好几部中医专著，创办了《北京中医月刊》，还是《中医杂志》总编辑、全国中医学会的常务理事，为发扬和传承祖国的中医药事业，做出了非常大的贡献。2002年董德懋大夫去世，才算是摆脱了那句歇后语的困扰。

85. 故宫里扔出来的一堆破布

本篇和各位聊的是故宫里扔出来的一堆破布。

扫码听音频

北京老话儿说:"你呀,守着金山要饭吃,就是一个穷酸的命。"意思是说,穷得出去要饭吃,却不知道家里有值钱的宝贝。

今儿聊的,就是一件家里有值钱的宝贝却不知道,还继续受穷的事。

这件事发生在中华人民共和国成立后的北京城。那时候刚定都的北京城,到处堆放着垃圾,所以第一件要干的事就是清理垃圾。据记载,当年仅仅在故宫附近,就先后动用了7万人,清理垃圾25万立方米,然后才开始整修工程。

1950年的某一天,一位姓李的年轻工人正在故宫漱芳斋进行地面整修。干着干着,他突然发现一块地砖下面有一个盒子,以为是藏着什么宝物,打开一看里面是一堆棉花和破布,随手就扔到了一边。不一会,棉花和破布就被清洁工人当作垃圾运出了故宫。

故宫外的垃圾存放处围着不少人，一看见有车来就一拥而上，争抢自己认为有用的东西。一位姓刘的老汉也在这儿，但是毕竟年岁大了，等他挤到前面的时候，只剩下一堆棉花和破布还有点用。刘老汉拿回家之后，看着漏风的窗户，比了比破布的大小正合适，于是就把这一堆破布当窗户纸用了。街坊还跟他开玩笑，说老刘头的窗户都用画糊。

1953年，国家开始收集散落在民间的文物，动员群众寻宝、献宝。这刘老汉的儿子是个酒鬼，家里能卖的东西都让他换酒喝了。听到寻宝的消息，他想起了街坊说的糊在窗户上的那几张画，于是就撕下来，悄悄地找了家当铺去问问，竟然真的换到了20元钱。在那个年代，对小刘来说这可是一笔大钱，够他喝一阵子了。

后来政府派出的寻宝专家，在当铺中发现了那6块破布，大吃一惊。因为那上面是晚唐画圣吴道子的弟子卢楞枷的6幅画作，所描绘的是十八罗汉中的6位尊者。画作线条流畅，动感强烈，人物形象看上去虽然怪异奇特，但显得威严而又尊贵，接近世俗又超凡脱尘。虽然是宋代的摹本，也是难得的艺术瑰宝。真应该感谢那位有真才实学、慧眼识珠的专家，为后人寻找到了珍贵的文物。现在这6幅画作被组合在一起，保存在北京故宫博物院，标注为《六尊者像》，供人们参观、欣赏。

当初随意扔掉一堆烂棉花和几块破布的年轻工人，那个拿古代名画糊窗户的刘老汉，还有那个把古画卖了20元钱的酒鬼小刘，做梦都不会想到，当初的那一堆破布，现如今的估值是人民币5个亿。如果是到了拍卖会上，指不定还会翻多少倍。

还是老话儿说得对，果然是"财找人易，人找财难"。

86. 宫女组队刺杀皇帝

扫码听音频

本篇和各位聊的是宫女组队刺杀皇帝。

北京老话儿说："你们还长行市了，这么邪乎的事都敢干。"意思是说，某些人做了以前不敢做的事。

今儿我们要聊的这件事，是明朝地位最低的宫女谋杀当朝最高统治者皇帝这样一件让人震惊的事。

这位皇帝就是在位45年的嘉靖皇帝，在他执政的前20余年里，明朝的国力强盛、文化繁荣、经济发达、社会稳定，被后世称为"嘉靖中兴"。估计嘉靖皇帝对自己的治理成果也很有成就感，于是开始疏于朝政，转而宠信道士，沉迷于追求长生不老之术。嘉靖皇帝本就生性凉薄，不知道是不是服用神丹的效果，他的性情变得更加残暴，身边服侍的宫女有一点过失，就会亲手用棍棒殴打。皇宫中的宫女总计1 000余人，被皇帝活活打死的就有200多人。朝廷连年征召十三四岁的处女进宫，除了为持续补充人员以外，更是为了取得她们的经血让道士们去炼丹，特别规定在采集经血期间，宫女不能吃饭，只允许吃桑叶、喝露水，十三四岁的小宫女们备受摧残，每天都生活在恐惧之中。嘉靖是明朝妃嫔最多的皇帝，仅后妃就有60多位，宫斗也在所难免。嘉靖二十一年（1542年）十月二十一日，一众宫女牵连几个嫔妃，让嘉靖皇帝经历了一个让他终身难忘的惊魂之夜。

那一天，嘉靖又到他最宠爱的后妃端妃的宫中过夜。深夜，皇宫万籁俱寂，嘉靖皇帝早已经进入梦乡。就在这个时候一个叫杨金英的宫女领着一群娇弱的宫女，悄悄来到了皇帝床前。她们将一根绳索套在了嘉靖的脖颈上，紧接着一帮女孩蜂拥而上，有人去掐脖子，有人按住身体和四肢，有人用力拉紧绳套。嘉靖从梦中惊醒，惊愕地瞪大眼睛看着要谋杀自己的人，一个宫女顺手抓过一块黄绫蒙住了他的脸。嘉靖拼命挣扎，宫女们死命拉紧绳套，这时候大家才发现，她们在慌乱之中误将绳子的活扣拽成了死结，无论怎么用力也拉不紧绳套，她们没有杀死皇帝，只是把他勒昏了过去。看到皇帝还在喘气，有人就上去掐他的脖子。几番折腾下来，一个小宫女却害怕了，这时候她相信，真龙天子是杀不死的。于是小宫女躲躲闪闪地跑出了寝殿，找到了正宫娘娘方皇后，向她报告了还在进行中的谋杀行动。方皇后马上带人来救下了嘉靖皇帝，抓住了包括报信的小宫女在内的16名宫女和牵连其中的嫔妃，全部处以极刑。这次发生在皇宫内谋杀当朝皇帝的事件震动了朝野，被定性为宫变。因为那一年是农历壬寅年，所以又被称为壬寅宫变。

果然是有压迫就有反抗，多行不义必自毙，狗急了会跳墙，人急了会拼命。

87. 炭火烤王爷

本篇和各位聊的是炭火烤王爷。

扫码听音频

北京老话儿说:"甭跟我这吊腰子,较劲你也不是个儿。"意思是说,你别故意跟我找别扭,要想收拾你很容易。

今儿我们聊的炭火烤王爷,还是发生在明朝的事,地点就在如今北京西安门附近。被烤的是明成祖朱棣的二儿子、汉王朱高煦,下令点火烧炭的是朱棣长子的大儿子、朱棣的长孙、宣宗朱瞻基。说得简单点就是,大侄子把他亲二叔用炭火给烤熟了。一脉相承的至亲,为什么要使出如此狠辣的手段呢?这一切,要从这个汉王朱高煦说起。

朱高煦身材高大,相貌英武,武艺精湛,跟随父亲朱棣南征北战,战功卓著。他看不起身体肥胖、走路都费劲的大哥朱高炽。私下里常常以唐朝的李世民自比,他觉得自己与李世民无论是能力、地位、处境都十分相像,不免起了对皇位的觊觎之心。在靖难之役关键性的战斗中,朱高煦及时带兵出现,扭转了战局。朱棣非常欣赏朱高煦的勇武,当时就说了一句"勉之,世子多疾"。这句话,让朱高煦充满了期望。

朱高煦虽然打仗是把好手，但是他性格凶悍、举止轻佻，又不是嫡长子，所以很多人并不看好他。朱棣心中也是矛盾的，因此，在储君的选择上始终举棋不定，权衡再三，还是决定立嫡长子朱高炽为太子。其实老大朱高炽的本事也不小，每次朱棣出去征战，他都是负责留守。最危险的一次，朱高炽以2万人的部队坚守北京，抵挡住了来犯的10万敌军，也是居功至伟。

后来朱高煦被封为汉王，心中不满。朱棣死后，朱高炽继位成为明仁宗。王爷暗中派人到京城，伺机叛乱。仁宗知道后念及兄弟之情，将弟弟召回京城给他增加俸禄，赏赐财物，希望他打消造反之心，可这位王爷根本不买账。仁宗当皇帝还不到一年就病逝了。当时太子朱瞻基在南京要返回北京继位。王爷派人在半路截杀太子，太子绕过埋伏，赶回北京登基为帝，这位王爷就势起兵造反。新皇帝朱瞻基亲自出征平叛，很快活捉了王爷，押回了北京城。

虽然王爷犯的是死罪，皇帝还是饶了他一命，软禁在西安门附近。但是王爷面对皇帝大侄子的宽厚，没有丝毫愧意，依然桀骜。一天皇帝去探望自己的二叔，王爷却对皇上一脸的冷傲，当皇帝起身离去时，他居然伸出脚绊了皇上一个大跟头。皇帝被当众戏耍，龙颜大怒，当即让人把一口300斤重的铜缸，扣在了王爷的身上，没想到天生神力的王爷，居然把大缸给举了起来。皇帝被彻底激怒了，下令把他二叔捆起来，放进大铜缸里，外边堆起木炭，点了一把火，活活烤死了那个高傲又野心勃勃的王爷。

88. 民国元年的北京兵变

本篇和各位聊的是民国元年的北京兵变。

扫码听音频

北京老话儿说:"您说说,他们这是唱的哪出儿啊?"意思是说,看不明白他们在干什么。

1912年2月29日天刚黑,北京朝阳门外突然枪声大作,不一会儿又传来了隆隆的炮声,被惊扰的人们看到城东冒起了黑烟,还没弄明白怎么回事,只见成群结队的士兵,拿着武器沿着大街抢劫商铺,尤其是有钱的大户人家,几乎无一幸免。街面上乱成了一锅粥,一些本来就不安分的人也趁火打劫,兵匪一气,通宵达旦地肆意妄为。第二天夜里,西城以及丰台驻军又在城南、城西作乱,比前一天闹得更厉害,损失也更大。当年北京最繁华的东安市场及周边商业区、前门外的商业街区损失最大。东安市场最是惨烈,被洗劫一空后又被放火焚烧,偌大的市场几乎成为一片废墟。这场兵变还带动了保定、天津的驻军哗变,致使当时华北的这三个大城市,都陷入了混乱之中。据事后统计,北京内外城近5 000家金店、银号、当铺、首饰楼等各类商铺被洗劫。丢失黄金3 000两,白银数十万两。

到这时候袁世凯才下达戒严令,对乱兵劫匪进行镇压。3月2日,又发表公告安定人心。同时借助各国驻华公使的卫队,组成由各国军人混编的小队上街巡逻。各国公使也借机大量增加在京城的驻军数量。

京城逐渐恢复了平静，袁世凯却还有一件更闹心的事。1912年1月1日，孙中山在南京就任中华民国临时大总统时曾经承诺，如果袁世凯能劝清帝退位，就把总统的位置让给他。当时还是清朝总理大臣的袁世凯，还真把这事办到了，清朝皇帝于1912年2月12日正式退位。2月14日孙中山辞职，参议院选举袁世凯为临时大总统，但是提出袁世凯要到南京就职。袁世凯的势力都在北方，他当然不愿意去，于是百般推脱。没想到南京派出专使团，到北京迎接袁世凯。专使团刚到两天就发生了兵变，随身物品也被抢劫一空。所有人都认为，是袁世凯为了留在北京操纵了兵变。这事可怎么办呢？正在头疼的时候，南京方面却突然通知，同意袁世凯在北京组建政府。3月10日袁世凯在如今的北京外交部街33号，如愿以偿地宣誓就任大总统。

对兵变的调查一直在进行，但是到底是谁策动的兵变却始终是个谜，只是确认兵变是由驻扎在朝阳门外东岳庙的九标炮营首先发起的，理由是被扣发了军饷，驻扎在城里禄米仓的辎重营给开的城门，致使百姓损失巨大。

有人说北京兵变是袁世凯部署的，目的是不去南京就职，后来失控了；也有人说主导者是他的儿子袁克定，目的是趁乱攻进皇宫，让袁世凯直接称帝。但是猜测终究是猜测，拿现在的话来说那就是：事出有因，查无实据。

89. 慈禧太后藏钱

本篇和各位聊的是慈禧太后藏钱。

扫码听音频

北京老话儿说："哪天镚子儿没有了，你就踏实了。"意思是说，到一分钱都没有的时候，就不折腾了。

1900年8月14日八国联军进了北京城，慈禧太后见大势已去，城池肯定是保不住了，知道事情已经到了最后关头，以自己的身份决不能做洋人的俘虏，就要跳水自杀，身边人急忙拉住，并劝说太后要为大清的江山社稷着想，不如暂且避之，徐图后计。慈禧一想也对，于是指派奕劻、李鸿章为全权大臣，负责与列强进行谈判。自己则盘起头发、剪掉长长的指甲，化装成一个汉族老年妇女，带着光绪皇帝等人，坐着骡车哭哭啼啼逃离了皇宫。

其实慈禧太后对出逃这件事，不是没有准备的。为什么这么说呢？因为慈禧太后在出逃之前还干了三件事。第一件，召开了一次御寝前会议，确定随行人员以及留守人员分工；第二把珍妃扔进了井里；第三件事就是把值钱的宝物藏起来，这可不是一两天就能完成的事。

今儿咱们就聊聊藏东西这件事。慈禧太后是一个嗜财如命的女人，她在宫中几十年，存下了无数金银、珠宝、玉器、古玩、字画等个人财物。慈禧太后知道自己不可能把这些财物都带走，可是她又不甘心白白便宜了洋人，自己回来没钱花。于是就想出了一个办法，她要把自己的钱和最值钱的东西藏起来。但是藏在哪儿才能不被洋人发现呢？左思右想终于下定了决心。

她安排身边绝对信任的人，把沉重的金锭和银锭、金佛像等金玉精品、珍贵的名家真迹字画等价值连城的宝物，藏在了密室里。藏起来的黄金白银就有几百万两。一位曾经陪伴慈禧的女官在回忆录中描述，密室的位置在慈禧居住的储秀宫不远处，要经过一段狭窄的过道，过道两边的墙壁和别处没什么差别，但是看似一体的墙壁是可以向左右分开的，这里面就是没有窗户的"藏宝密室"。据说皇宫里这样的密室还不止一处。慈禧又让人将其他小一点的珠宝首饰、金银物件都捆扎成大小合适、携带方便的包裹，一个个地扔进了紫禁城内星罗棋布的水井中。

1902年，在外漂泊了2年的慈禧，终于回到了北京。她马上命人打开密室，金银财宝立刻呈现在眼前；又让人把藏在井里的财宝打捞出来。她的运气太好了，她是赌赢了，八国联军的士兵在紫禁城里大肆搜刮抢掠，连皇宫里那些储水的大铜缸上镀着的一层薄薄的黄金都用刀刮走了，居然没有发现这样一大笔财宝。藏起来的金器玉器精品、古代名家真迹字画等宝贵文物，也得以保留下来。

据说在紫禁城的水井中，至今仍然有遗存的宝物。

90. 老北京的四合院

本篇和各位聊的是老北京的四合院。

扫码听音频

北京老话儿说:"天棚、鱼缸、石榴树,老爷、肥狗、胖丫头。"说的是在一个特定场景中出现的场面。这里描述的场景,就常出现在我们今儿要说的北京四合院里。老北京人用这句话来描述四合院生活的惬意和悠闲,还被调侃地记录在《旧京琐记》中。

四合院这种受到中国人喜爱的建筑形式,在 2 000 多年前就出现了。全国各地都有四合院,北京的四合院是最出名的。北京的四合院之所以有名,在于它门第分明、建制规整、四面密闭但院落宽阔、房间虽多但又相对独立、回廊相接起居方便等特有的京味风格和文化底蕴。旧时北京的大量建筑,都是那大大小小的四合院。

北京城规整的四合院,是随元大都的建设而兴起的。元朝在一片荒野平原上建设了大都城,规划了宫殿、衙署和街区。划分出大街小巷 400 多条。街巷之间的地皮以 8 亩为一份,提供给迁入京城的人按规制营造住宅。这样住宅就分布在了大街小巷的两侧。忽必烈还下令,居住在金中都旧城的民众必须按要求迁往新都城,有钱的富户和在朝廷服务的人优先安排。胡同、四合院成了元大都城最基本的建筑形式。明朝时又进一步完善了四合院的规制。

北京的四合院一般在东西向的胡同里坐北朝南,北房称为正房,南房称为倒座儿房,东房、西房称为厢房,四面房屋的中间是宽敞的庭院。院门开在院子的东南角儿。两扇大门上书写着"忠厚传家久,诗书继世长"等门联。门前或门里,立一面中心是砖雕或彩绘的吉祥图案的影壁。讲究一点的会在进门不远地方再砌上一道墙,墙的中心位置开一个垂花门儿,也就是常说的二门儿,把大院分割成内外院。再讲究一点的,会在北房的后面,沿着宅基地边线再建一排北房,称后罩房,四合院也就又多了一个隐秘的后院、后花园。四合院的规制讲究,但规模却可以大小不等。小四合院一般是北房3间,东、西厢房各2间,南房连门道3间。中型四合院一般是北房5间,正房两侧各加一间耳房,东、西厢房各3间,南房连门道5间。大四合院是7间南房7间北房,甚至还有9间或者11间大正房的。四合院还可以向纵深或两侧扩展,由多个四合院相连,组成东院、西院、偏院、跨院,一进院、二进院、三进院。

北京的四合院四面都是墙,隔绝了外界的喧嚣和好奇的目光,有很好的私密性,关起门来自成一片天地。中间的庭院宽敞、阳光充足,院子里植树种花,大鱼缸里养金鱼,是一家人露天的起居室。夏天搭起凉棚,大人喝茶聊天,小孩满院子疯跑,那叫一个舒心惬意。

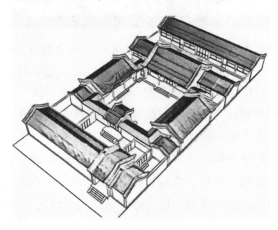

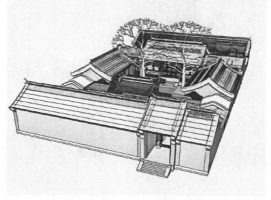

91. 北京四合院大门的那些讲究

扫码听音频

本篇和各位聊的是北京四合院大门的那些讲究。

北京老话儿说:"三石门前放,家道自然旺。"

意思是说,门前放着三种石头,这家的日子一定过得好。

现在北京的四合院老宅子保存好一点的不让进,让进的看不清院子里的老模样,咱们就来聊聊看得见的院门。

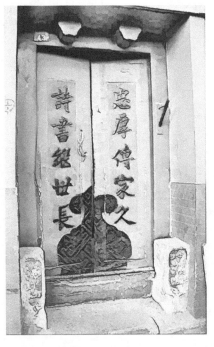

北京四合院的门,是开在南房靠东边那间房的屋宇式大门。大门的形制多样,但是大门可不能随意盖,明清两朝都有明确的规定。比如王府、公侯、一品、二品官的大门上，可用兽面摆锡环；三品至五品官的大门不可以用兽面，只允许用摆锡环；六品至九品官的大门就只能用铁环。亲王府大门宽5间，郡王府大门是3间。亲王、郡王、世子等皇亲国戚的家称为府。其他人不管是多大的官，哪怕是大学士、军机大臣也只能称"宅"或"第"。我们常说的门当户对这个词，说的就是通过观察大门，来判断这家人的身份和地位。

四合院大门主要有王府大门、广亮大门、金柱大门、蛮子门、如意门、随墙门6种。最高等级的王府大门，地基要高10尺，正门5间，开3个门，大门漆红色，彩绘梁枋。贝勒府地基高6尺，正门3间，开1个门，大门漆红色。公侯以下，正门是1间，台阶高出地面1尺，门漆成黑色。除去随墙门以外的大门，都是用1个房间为门，但是品级不同，又有不同的变化。

王府大门、广亮大门，最明显的特点是门安装在房屋的中柱上，半间屋子在门里，半间屋子在门外，两侧有八字形影壁。金柱大门、蛮子门的特点是门扇的安装位置依次向外移。如意门等级最低也最为常见，它是从前檐柱向中间砌墙，在居中位置装门，门楣上的两个门簪多装饰有"如意"二字，因此叫如意门。门簪也是有讲究的，最低等级的是2个，等级高就可以相应地按双数增加到4个、6个。门墩又叫抱鼓石。文官家的门墩用方石，上刻梅花、菊花等花卉。武官家的门墩上面是光面石鼓。石鼓上刻花饰的一般是商贾富户。现在大部分人把门墩解释为门当，把门簪解释为户对。门簪、门墩是有等级区分的，拿来解释门当户对，也算是比较合乎情理。其实如果你认真观察就能发现，它们真正的身份是安装大门的构件。

四合院门前放置的三石，是石狮子、上马石、拴马桩，是豪门大户身份和地位的标志。拴马桩一种是把带穿孔的石块镶嵌在倒座儿房的外墙上；另一种是把雕刻着图案的石柱，在大门立一排，更显得有排场。

有一种放置在院子外墙上的石头"泰山石敢当"如今很少见了。胡同拐角处的房屋外立块石头防撞，也叫敢当。

92. 一个最不可思议的汉奸

本篇和各位聊的是一个最不可思议的汉奸。

扫码听音频

北京老话儿说:"瞧他那样,老着个脸死命地巴结。"意思是说,不惜脸面地向别人献殷勤。

今儿要聊的,是在卢沟桥事变发生当天,就主动为日本军队服务、被称为"七七事变第一汉奸"的郝老太太。

这个郝老太太和老伴都是生活清苦的普通百姓,他们的家就在宛平城外的一个小村庄。1937 年 7 月 7 日夜里,村外响起了密集的枪炮声,他们并不知道,这是震惊中外的卢沟桥事变爆发了。天亮以后他们才发现,日本兵正在攻打宛平城,村子附近唯一的小山包上,没有了平日里站岗放哨的中国军人,日本兵正在那里向宛平城开炮。人们这才明白,这是打仗了,日本人这是要打死城里的中国军人,占领宛平城,而中国军人正在奋力还击,拼死保卫宛平城。

就在战斗还在进行的时候,最不可思议的一幕出现了,一个小脚老太太一只手提着水壶,一只手端着几个大碗,一摇一晃地走出了村子,走向日本兵,去给那些正向中国军人开枪开炮的日本人送开水,这个人正是那个郝老太太。接下来的几天里,她不但给日本人送水,还变卖自己的首饰给日本人买吃的,叫上自己的老伴,帮助日本人运送弹药和物资。她利用自己中国老太太的身份,探听中国军队的情况告诉日本人,还掩护一个日本伤兵躲过了中国军队的追捕。更让人难以理解的是,她的老伴在为日本人运送物资的时候,被日军的炮弹炸死了,她不但不记恨日本人,面对日本人的解释还表示:不怨你们,是他自己命不好。之后,照旧继续为日本人服务。郝老太太的行为得到了日本人的鼓励,一个日本亲王亲自跑到村子里见她,她的照片和事迹被日军刊登在报纸杂志上,向国际社会大肆宣扬日中亲善,借以美化侵华战争。卢沟桥事变,日本人取得了胜利,并很快占领了周边地区,他们在那座小土山上,用木头竖起了一个纪念碑,上面用中文繁体字写着"一文字山支那事变发端之地"。不久又换成了大理石碑。每年的7月7日,都有大量日本人带着女人和孩子,手里拿着小纸幡,嘴里不停地念叨着什么,来到这里祭奠战死的日本兵。通往小山唯一的那条小路,要经过郝老太太的家,她的家又成了为日本人服务的接待站。一张老照片上的场景是这样的:一间房子外面,两个日本人正在门口用日文书写一块展示牌,上面介绍的是郝老太太帮助日本人的事迹,门前摆放着一张八仙桌,郝老太太坐在那儿,一脸笑容地看着一群身着军服、西服、和服的日本男女走过眼前。

郝老太太年过半百,却主动帮助敌国军队侵略自己的国家,除了她自己,谁也说不清楚这到底是为什么。

93. 北京话里的各种爷

扫码听音频

本篇和各位聊的是北京话里的各种爷。

北京老话儿说："爷不爷，先看鞋。"意思是说，判断男人的社会地位先看他穿的鞋。为什么要先看鞋呢？因为另一句话说："脚下没鞋穷半截。"

老北京称"爷"的习惯应该是历史悠久了。随着社会变革，"爷"这个从对官位和财富占有者的敬畏性称呼，变得越来越平民化。从王爷、官爷、老爷，变成了冯爷、李爷、张爷。"爷"这个称呼在日常使用中是敬称，是礼节性用语。

比如两人走大街上碰面了就会说："哟，冯爷，您这是奔哪儿啊？""哈哈，李爷，我找张爷杀两盘去。"其实呢，就是老冯找老张下棋去。辈分不同的两个男人被称为爷俩，没有血缘关系的就常常互称为爷们儿，还有敬称媳妇的哥哥为大舅爷，女婿称为姑爷，老大叫大爷，老六就叫六爷。

北京人用惯了"爷"这个称呼，还把一些行业的从业人员也称为各种爷。比如：蹬平板三轮车的，称为板儿爷；有点儿本事的扒手，称为佛爷；在市场上倒买倒卖商品货物的，称为"倒爷"。也有标注人物特点的各种"爷"：把特别能说、什么事都知道，天文地理、古往今来侃侃而谈的人，叫侃爷；有钱的人叫款爷；经常裸露上身、光着膀子在胡同里晃悠的男人称为"膀爷"；怎么问都不说话，吃了亏也不言声的人，称为闷三爷；那些喜好沾花惹草，还颇得女人欢心的男人，叫花儿爷。神仙有灶王爷、兔儿爷、马王爷。对自己喜欢或看上眼儿的人，也会送上个爷的称呼，比如北京国安足球队的外援马季奇，就被球迷尊称为马五爷。

也有不太文雅的，比如：开口就说"大爷我"，那是一种狂妄；咬牙切齿喊出来的"你大爷",那是在骂人;朋友之间发泄不满会说"去你大爷的"。"你大爷的"还能表达无奈,比如发现别人说错了话、办了糊涂事或者被骗了,不会说你傻、你笨,而是用十分中肯又恨铁不成钢的语气来一句:"你大爷的,说你什么好哇,整个一冒爷。"

在北京话里一个"爷"字,使用不同的音调会表达出不同的意思。比如:"大爷,您来了!"这句话如果用二声说出来:"大爷,您来了!"那就是社会交往中的尊称。用轻声说:"大爷,您来了!"那是家中晚辈在与伯父打招呼。

其实北京人常用这个"爷"字儿,更像是北京人说话的一种习惯,体现出来的是被熏陶出来的那么一股劲,一种特有的傲而不骄、洒脱自敛、富而不躁、穷而有节的精气神儿,透着一种独特的气质:谦和、大气、诙谐和幽默。

94. 谁是北京最古老的城池

本篇和各位聊的是谁是北京最古老的城池。

扫码听音频

北京老话儿说:"陈年的老物件该拿出来抖搂抖搂了。"意思是说,把存放了多年的东西拿出来过过风。

在这里我们要拿出来抖搂的,是北京最古老的城池。

早先,人们认为北京地区最古老的城池是唐代的幽州城。后来发现了位于房山窦店镇的汉代古良乡城遗址。再后来人们又惊奇地发现,在幽州城的下面还埋着 3 000 年前建于周朝的古蓟城。最后,人们就发现了在房山琉璃河的燕国都城遗址,并且出土了带有铭文的青铜器,以及很多商末周初时期的文物。因此,燕国都城遗址曾被定义为商周遗址。大多数人据此认为,燕都城比古蓟城还要更古老一点。燕都城一直被公认为是北京地区最古老的城池。

中华民族有 5 000 年的文明史。据考古调查,北京地区在 4 000 多年前,就进入了原始部落联盟时期,接近或融入了中原社会文明发展的进程。那么,在如此古老的土地上,难道就没有更古老一点的城池吗?有,还真有。这座城比刚才说的那些古城都老,因为在传说中它建于上古的尧舜时期，它的名字叫共工城，算下来距今已经有 4 000 多年的历史了。我们很少听说这座古城，是因为它年代久远，地处偏僻，远离大多数人的视线，但是它却一直存在于历史文献的记载中。《史记》记载："舜请流共工于幽陵。"唐代《括地志》说：故共工城在檀州燕落县界。明末清初的顾炎武曾经专门考察过京东的历史地理，他说自己"凡亲对证，三易其稿"才写下了《昌平山水记》，其中记载："共城在县东北五十里，亦作龚城。"光绪年的《顺天府志》记载："安乐庄相去数里，有共工城，舜流共工处也。"这些古籍中所说的幽陵、檀州，都是密云古时候的名字。燕落县现在的名称叫燕落村，它和安乐庄都是密云境内的古村镇。

传说在尧帝时代，因为共工善于治理水害，被尧帝派去治水，结果没有取得成效，反倒引起民怨，成为罪人，被流放于幽陵。共工和他部落的民众来到幽陵，在潮白河畔修筑起了共工城。这座城所在的位置，是在距现今密云区不老屯镇燕落村南 8 里处。据当地老人讲，那里有一座黄土堆积而成的方形土城，看上去像一个大土台。城的四边各长约 500 米，高不到 10 米。当地人知道共工城的传说，但是仍然习惯叫它"土城子"。1960 年修水库，共工城被淹没在了密云水库之中。1972 年华北大旱，水库水位下降，土城子露出了水面，许多村民都跑去观看。可见这传说也并不完全是虚构的，也是建立在一定事实基础之上的，只是我们没有找到证据而已。

共工城，很可能才是北京地区年代最久远的古城池。

95. 北京八宝山的"归来兮"墓

本篇和各位聊的是北京八宝山的"归来兮"墓。

扫码听音频

北京老话儿说："错来，这档子事儿，他起根儿是可以不去的。"意思是说，其实这件事，从一开始他就可以不去做。

八宝山革命公墓有这样一座特殊的墓，墓碑上没有姓名、没有照片、没有职务，更没有生平事迹，只有 3 个金色的大字"归来兮"。今儿我们就来认识一下他是谁。

让我们来推测一下，首先，有资格安葬在八宝山的人，一定是为国家做出极大贡献的人。墓碑上没有姓名、不记载生平事迹，说明他一生从事的是极其秘密的工作。"归来兮"则是在告诉人们，他曾经的远离和如今的归来。

查看了资料后发现，我们的推测基本是正确的。这里安葬的确实是一位置生死于度外，奋斗在秘密战线的英雄，而且还是一位年仅 28 岁，正值花样年华，为了信仰和事业而失去生命的女英雄。她的名字叫萧明华。

萧明华打小立志要从事教育事业，在她的老师白沙女子师范学院台静农先生的推荐下，她来到北京师范大学的前身北平师范学院学习。在这里她遇到了二哥曾经的同事、心理学教授朱芳春，而且加入了朱芳春领导的共产党地下工作组，从事军事情报工作。眼看着国民党政权岌岌可危，北平解放已经指日可待，这时候萧明华接到了已经在台湾大学工作的台静农先生的来信，恩师极力邀请她到台湾任教。萧明华想，要解放全中国，也一定非常需要台湾的情报，这绝对是个机会。组织同意了她的请求，又安排她的直接上级朱芳春，化名于非，以夫妻名义先后前往台湾。1948 年 7 月，萧明华怀着把一切献给革命事业的决心，踏上了台湾岛。没有人知道她和同志们经历了怎样的艰难，付出了怎样的努力，面临过多少次险境。只知道他们接到上级指示后，一次又一次及时送出了情报，甚至还送出了一份由日本人绘制、被蒋介石视为最高军事机密、极其详细的台湾地形图。他们从台湾传递出的这些情报，为解放军以最小的代价，迅速解放东南沿海的岛屿，做出了无可替代的贡献。

由于频繁发生重要情报泄密，蒋介石下令封锁台湾岛，派出大量特务搜捕地下党，宁肯杀错，也不放过。一个地下党负责人被捕叛变，出卖了很多同志，萧明华也因此身份暴露，于 1950 年年初被捕入狱。被捕时萧明华还及时地给同志们发出了危险暗号。在被监押审讯的 200 多天里，萧明华受尽各种酷刑的折磨，但她始终坚贞不屈，宁死也绝不出卖组织和同志。1950 年 11 月 8 日，萧明华在台湾英勇就义，直到 30 多年后，她的骨灰才回到她出发的故土北京。

归来兮！魂兮归来！君归燕都长安息。

96. 北京面积最大的区

扫码听音频

本篇和各位聊的是北京面积最大的区。

北京老话儿说："麻溜地过来，挨排儿量量个。"意思是说，快点过来，一个接一个测量身高。

这里咱们不聊身高，咱们聊聊北京面积最大的密云区。

密云区处在山地与平原的交接地，古称幽陵、檀州。这里山水兼备，物产丰富，历史悠久，地杰人灵。辖区总面积有 2 229.45 平方公里，比第二名怀柔区大了 100 多平方公里。

密云区历史悠久，6 000 年前已经有人类聚居。4 100 年前的尧舜时期，这里就筑起了"共工城"。战国时期燕国在这里设立了管辖北京东北部的行政建制，定名为渔阳郡。秦始皇时又单设了渔阳县，538 年（南北朝时期），借密云山的名字改县名为密云县。密云山现在叫云雾山。

密云是中原通往东北方向的重要通道，历史上曾经是北方游牧民族与中原王朝争夺的焦点，以至于明朝时期的密云古城是由间隔仅十几米的两座城组合而成。最特别的是，先后建成的两座城都没有北城门，瓮城的外城门都开在侧面，比如东门的外城门不是向东，而是向南。至今在密云峰峦起伏的群山中，还有巍峨的古长城，绵延在崇山峻岭之上，诉说着从前发生过的征战。你来我往的人口流动，也促使如今的密云，成为 38 个民族的共同聚居地。

密云是"八山一水一分田"。这"一水"从 1960 年密云水库建成后，作为饮用水源，对北京人的生活发挥了至关重要的作用，被称为京城"大水盆"，在最干旱的年景里也保障了北京饮用水的供应。为此密云人做出了巨大的努力和牺牲：那仅有的一分田又有一部分变成了水面，几十座村庄被淹没，近 10 万人搬离故土。数十年来密云人植树造林、维护河道，仍然在为保护好这盆净水而默默地做着努力和贡献。

而今的密云山清水秀，是高新产业和休闲旅游的热地。新鲜肥美的水库鱼已经是密云的名片了，平均年产近40万公斤。每年9月25日，为期半年的休渔期结束，人们从各地赶来，等待200多条手摇船，带回开渔期的第一网水库鱼。密云鱼王美食节已经举办了十八届。活动最热闹的环节，是鱼王竞拍。2024年的冠军是一条重达28.25公斤的青鱼。四面八方的游客向密云聚集，去品尝那鲜美的水库水炖水库鱼。著名的特产"密云八珍"有：香椿、燕山板栗、金丝小枣、坟庄核桃、黄土坎鸭梨、金叵罗小米、红肖梨、御皇李子。

密云的水、密云的山，密云的美景让人流连忘返。密云的古遗迹、古长城、古建筑、古村落、抗战遗址等历史遗存，数也数不完。广阔的地域，悠久的历史，深厚的文化底蕴，独具风采的文化传承，都吸引着人们迈出探寻的脚步。

97. 一位穷困潦倒的皇帝

扫码听音频

本篇和各位聊的是一位穷困潦倒的皇帝。

北京老话儿说:"瞧他那抹不丢的样,得了,甭说他了。"意思是说,看他那难为情又不好意思的样,就不说他了。

说是不说了,但是,今儿还是忍不住要聊聊他的事。

这位皇帝是明朝最后一位皇帝崇祯,他在位17年就穷困潦倒了17年。让人不敢相信,一个封建王朝的统治者何至于此呢?但是众多的史料却从不同的角度,证实了情况的真实性。

据记载,明朝传到崇祯手中的时候,国家财政早就入不敷出了,他不得不鼓励节俭,而且以身作则,一日三餐就只是三素一荤,宫中从无宴会娱乐之事。他和身边人的衣服、袜子、被褥破了,都是打了补丁继续用。同时极力削减政府支出,有人建议,守卫边疆的军队应该向古代军队学习自给自足,不足部分可以"罗雀掘鼠",也就是去捕鸟捉老鼠吃;还有人反映驿站是浪费钱粮。从小就饱读诗书却没出过皇宫、缺少实践经验的崇祯,认为这些提议有理,于是削减军费、裁撤驿站。后来把崇祯逼得上吊的那个闯王李自成,也是被裁撤的驿站人员之一。崇祯即位后,勤于政务,清除了以魏忠贤为代表的阉党,瓦解了太监势力后,又与东林党为首的文官集团缠斗了十几年。朝廷之中的利益纠葛、繁复的政令,使各种社会矛盾日益激化。利益集团趁机浑水摸鱼,大量侵吞社会财富。比如那些不用纳税的王公贵族,就大肆兼并农民的土地,使国家税收越来越少。农民没有了谋生的土地被逼得造反,朝廷还要拿出大把的银子,组织军队去镇压。内忧外患加上连年天灾,百姓苦不堪言,国家也更穷了。崇祯穷得甚至不得不去典当皇室的财物。

崇祯的最后几年,努尔哈赤从东北向北京进攻,李自成的农民起义军从中原进逼北京，大明王朝岌岌可危。崇祯调兵遣将两面拒敌。可打仗打的就是钱，没钱兵都招不来，万般无奈的崇祯，只好放下皇帝的尊严向皇亲国戚和群臣们借钱。但是这些人都说自己是清官，个个喊穷，总共只借到白银20万两。最终一大群不用花钱的太监，也被派上城墙去守卫京城。

可是京城里真的没钱吗？看看李自成找到了多少钱：李自成在国库里反复搜查只发现了白银不足万两。他下令向明朝的大小官员"追赃助饷"，不出钱就杀。据记载，其所得金共7 000万两。乖乖，崇祯皇帝拉下老脸，才从满朝文武大臣手里借到白银20万两，这两个数字让人想起一个成语——天壤之别。

崇祯专注于国事，好学勤政，又俭朴自律，不好色，还一身傲骨宁死不屈，这在皇帝中实属少见。但是他真的缺乏执政经验，或者说是手段，被利益集团所困扰，又遇上连年天灾，内忧外患，同时患得患失，想拨乱反正，又用力过猛，因此并不能扭转大明的灭亡之势。

正如清代人评价的那样，崇祯没弄懂"东林未必都君子，阉党未必皆小人"的道理，最终整得自己真的成了孤家寡人，以至于他逃到煤山上吊自尽，身边只剩下一个太监。

98. 死而复生的北冰洋汽水

扫码听音频

本篇和各位聊的是死而复生的北冰洋汽水。

北京老话儿说:"这程子怎么老没见您呐。"意思是说,这一段时间一直没看见您。问对方干什么去了。

老北京人接下来的话就会这么说:"唉,别提了,这不,前些日子遇上点糟心的事,连着半个月了,一通紧忙乎,可算是抹索平了。"

听不大明白不要紧,咱一聊"北冰洋"的事您就明白了。

北京北冰洋食品公司的前身,是建于1936年的北平制冰厂。1949年收归国有,1950年改名为北京食品厂,不久注册了"北冰洋"商标,生产汽水、冰棍、冰激凌等冷饮以及罐头、人造冰等,几十年来一直深受大众喜爱。1985年,北京食品厂改制成立了北冰洋食品公司,"北冰洋"迎来了它的辉煌阶段。产品的销量曾经是全国汽水排名第一,年产值超过1亿元。谁知道好景不长,到了1994年,兴起了招商引资的热潮,北冰洋食品公司也变成了合资企业。"北冰洋"商标归了合资公司,本想着借助合资公司扩大北冰洋汽水的产销量,没想到北冰洋汽水却一再减少产量,直至停产,最后迫使曾经风靡京城几十年的北冰洋牌汽水遭到"雪藏","北冰洋"商标被贴在了桶装水上。外国品牌的汽水产品,迅速占领了巨大的碳酸饮料市场。北冰洋汽水没了,北京人觉得糟心,却没有忘记它。特别是在炎热的夏天,人总是在不经意间,想起曾经在京城随处可见的、冰镇的、清凉爽口的北冰洋汽水。

被雪藏起来的北京人熟悉又喜爱的"北冰洋"商标,还能起死回生吗?后来终于有人出面,开始和外资公司就收回北冰洋品牌进行交涉。可是让出去容易,想收回来就难了。艰难的谈判持续了很长一段时间,最后,在2007年接受了外方提出的4年内不得以北冰洋品牌生产碳酸饮料的条件下，总算是收回了北冰洋品牌的经营权。这点糟心的事，经过有心人的一通紧忙活，终于算是解决了。

2008年，经过企业重组，北京义利食品公司接管了北冰洋品牌。为了重塑北冰洋汽水的辉煌，他们千方百计寻找到了北冰洋汽水的配方，请回下岗的老员工，又根据时代变化对口味进行微调，加大了果汁的含量，彻底弃用了糖精，还多次请老街坊们来品尝鉴定，再根据他们的意见反复调整和实验，以求尽可能准确地复原曾经最受欢迎的口感和味道。

2011年11月，刚过了限制期，曾经的"京城汽水之王"北冰洋汽水，在销声匿迹15年后起死回生，急不可待地重出饮料江湖。虽然是在冬季，虽然是在碳酸饮料的销售淡季，虽然没有大力宣传，但是涅槃重生，重新复出的北冰洋汽水就在念旧的北京人热捧之下，卖出了240万瓶。

北冰洋汽水，这个当今饮料市场少有的民族品牌，还能霸气回归，值得庆幸。感谢那些为此而付出努力的人！

99. 老北京的"京八件"

本篇和各位聊的是老北京的"京八件"。

北京老话儿说:"嘛去您?""嗨,去稻香村瞜瞜有没有'京八件'。"意思是说,想去稻香村看看,准备去买一盒"京八件"。

这里说的"京八件",是老北京的传统特色点心。这八件点心有:福字饼、禄字饼、寿字饼、喜字饼、太师饼、椒盐饼、枣花糕、萨其玛。最开始它们是宫廷御膳房的产物,那时候就是皇宫里的一些小点心。后来这些手艺流传到了民间,为了适应大众的购买需要才有了"京八件"的名号。早年间,北京人走亲访友,最体面的礼物就是一个装得满满的点心盒,北京人习惯称它为点心匣子。时至今日很多老北京人仍然保持着买点心盒送人的习惯,尤其是看望长辈,或者亲戚来往中特别正式的场合,总忘不了提个点心匣子。送的人诚心诚意,收的人心领神会,这点心匣子里装的是老北京人的缕缕真情。而这"京八件"就是点心匣中的上品。说起来传统的"京八件",曾经有好多年不见踪迹了,很多人以为不会再有人做了。没想到2006年,这种老北京糕点重新出现在老点心店的货架上。这让老北京人感到莫大的惊喜。

老北京的"京八件"有大八件、小八件和细八件之分。八件点心用料讲究,做工精细。做面皮时要加入食用油,包裹山楂、玫瑰、青梅、白糖、豆沙、枣泥、椒盐、葡萄干各种馅料。再用模具加工成各种花形,有佛手形、如意形、腰子形、圆鼓形、蝙蝠形、桃形、石榴形、祥云形等多种形状,以及福、禄、寿、喜等文字。最后经过精心烘烤,那是一层面一层酥,点心变得口味各异、造型多样、颜色丰富、酥软漂亮,几乎成为小巧玲珑的艺术品。用北京话说就是,绝对拿得出手。

"小八件"是"大八件"的缩小版,"大八件"是8块点心一盒,重量1斤。"小八件"是16块点心一盒也是1斤。"细八件"则是原料更加精细,做工更加精致。8样点心,还各有美好的寓意。福字饼是玫瑰豆沙,味道香甜,象征着幸福美满;禄字饼是桂花山楂,寓意事业顺遂;寿字饼香甜软绵,象征着福寿绵绵;喜字饼,则表示着恭贺喜事来临。

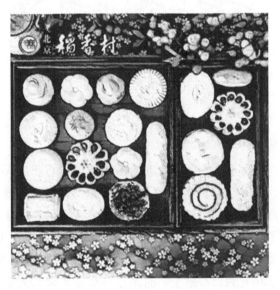

另外还有一种奶皮"京八件",是传统"京八件"的改进品,是在制作时加入了牛奶制品,使点心的口感更加醇香。除此之外,奶皮"京八件"饼面图案上也做出了相应的改变,在口感和外观上都有了更多与时俱进的新鲜感。现在的"京八件",主要是传统"京八件"、酥皮"京八件"

和奶皮"京八件"这3种。

不过现在也有不太讲究的商家，售卖一些类似于北京小吃的"京八件"，像果酱饼、桃酥、螺丝转、豌豆黄、绿豆糕都赫然在列，着实是有点不大厚道了。在北京购买"京八件"，您最好还是去那些北京传统的老点心店，比较踏实。

有人说怀旧是落后，其实更多的人是把怀旧看作对传统文化的怀念和认同。

100. 谁第一个发明了拍照喊"茄子"

扫码听音频

本篇和各位聊的是谁第一个发明了拍照喊"茄子"。

北京老话儿说:"别总觉着旁人是土鳖。"意思是说,不要总认为别人没见过世面,就你见得多。

世界之大无奇不有，技术进步日新月异。人总是在不断学习中增长知识、掌握技能的。今儿我们就来聊一个见识新东西，从适应新玩意儿到创造新玩法的故事。

这是在慈禧太后身边工作过的德龄公主根据亲身经历讲述的一个故事。她还出过一本畅销海外的英文书《我在慈禧身边的两年》。德龄，汉军正白旗人，本名裕德龄。她的父亲裕庚曾先后任驻日本、法国公使，还娶了一个法国女子为妻，生下了德龄和德容两个女儿。德龄姐妹俩随父亲出使日本时，学习了英文和日文。在法国期间，姐儿俩不仅学习了法语和其他语种，还学习了音乐和芭蕾舞，是那个年代中国少有的知识渊博、见多识广的年轻女性。1903年裕庚任期结束，举家回到了北京。慈禧太后身边正缺少通晓外文和西方礼仪的人，便将德龄、德容两姐妹连同她们的母亲，一起召进了皇宫。

德龄成为女官，深得慈禧的信任，还被封为郡主。为了引起慈禧对西方文化的兴趣，她把国外的许多"洋玩意儿"介绍给慈禧认识和使用。比如西方的香水、油画、西餐、西药、电灯、电话、化妆品、照相机等等，还劝说她一样一样地去体验。慈禧十分喜爱西方的化妆品，觉得油画虽然也不错，就是一个姿势坐半天，累人又耽误工夫。后来慈禧想了个办法，找一个合适的人穿着自己的衣服当模特，画脸的时候再自己上。慈禧最怵的就是照相机，她认为照相机会摄走人的魂魄。当年皇宫里最早喜欢照相的人，就是那个被扔进井里的珍妃。

一次，袁世凯请慈禧太后看电影，慈禧对这个西洋玩意儿非常感兴趣，回来后便问德龄，为什么能把人放到机器里面。德龄详细解释了一番，又借此机会介绍了照相机的功能，还拿来照相机现场演示。慈禧叫了太监宫女站在镜头前，自己在照相机后面观察，觉得挺有意思，就这样在不知不觉中也喜欢上了照相。但是总是照不出一张满意的照片，德龄发现每次都照不好，是因为照相机在按下快门键时，会发出一道白光。本来面带微笑的慈禧，一见到亮光就下意识地闭眼闪避。德龄再三为慈禧辅导，好不容易不闭眼了，却又变得表情僵硬。后来德龄想起了西方人在拍照时会说奶酪，就把这个外国话教给了慈禧，再拍照的时候德龄喊"一二三"，慈禧便说一声"cheese"，效果果然不错。但是由于发音别扭,总是引起旁观的人笑场,后来慈禧索性按照发音和口型,在拍照的时候微笑着冲镜头说"茄子"。从此慈禧照相越来越从容自然,照片的质量也越来越好。

各位以后照相喊"茄子"的时候,可别忘了,这项"发明专利"可是属于人家慈禧老佛爷的。

101. 清末北京东西南北城区的特色

扫码听音频

本篇和各位聊的是清末北京东西南北城区的特色。

北京老话儿说：这京城里是"东富西贵，南贱北贫"。意思是说，东城多富户，西城多权贵，南北城多是贫贱之民。

"东富西贵，南贱北贫"这句话，本来流行于100年前的北京城，不知道是为什么近几十年又开始流行起来。这句话说的是北京的内外城，也就是前几年还在的东城区、西城区、崇文区、宣武区，反映的应该是清朝末年及以后一段时间，北京城社会阶层的分布状况。为什么说是清朝末年的状况呢？因为自从1644年清军进入北京之后，一直施行的是"满汉分居"的政策，满族人住内城，汉族人住外城。即使是朝廷做大官的汉族人，就算是纪晓岚那样的，也得住外城。北城的德胜门、安定门一带是满洲正黄旗、镶黄旗的驻地，清朝对满族人实行的是供给制，八旗兵的精锐是不会贫穷的。只有到了清朝末年，朝廷自顾不暇，旗民们才开始靠典当为生，实在混不下去了，就开始变卖家产，做小买卖拉洋车，才可能出现"北贫"的现象。清朝规定旗民不准营商，因此，这"东富"也只可能是清朝末年以后的事。

那么"东富西贵，南贱北贫"是怎么总结出来的呢？那是因为各个阶层，在北京的不同地区相对比较集中。比如这城西地区，清末人震钧在《天咫偶闻》这本书中说，"盖贵人多住西城"，就是说西城住的王公贵族多。据统计，清朝在京城一共有贝子爵位以上的府邸132座，其中70多座在西城。

"东城富"是由于东城的仓库多。京城13个大型国家仓库中，东城就有7个。仓库的聚集，意味着物资、交通和人员的聚集，随之商业发达起来，商业发达又促成了金融业介入。京城最有实力的"四大恒"（恒利号、恒和号、恒兴号、恒源号）钱庄，以及洋人开办的9家外国银行，都落户于东城。由此东城聚集了大量的商人和富户。

东西城富贵，内城南边被外国人和各种政府机构占据，逼迫生活在内城的贫困家庭，不得不卖房子卖地，向城北流动。因此说，北城是贫民聚集、衣冠盗贼多也并非虚言。

说到"南城贱"，这情况就比较复杂了。这里说的南城是指北京的外城，居住的主要是地位低下的汉族及其他民族的人，以及数量众多的流动人口。由于清朝规定，北京内城不允许有娱乐场所，因此，南城商行店铺、酒肆茶楼等伺候人的行业云集，还有杂耍艺人、说书的、唱曲的、说相声的、唱戏的、小手艺人、乞丐等，这些当时都属于"贱行"，再加上著名的"八大胡同"也在南城，在那个时代，南城就被认为是贱民加贱业的聚集地。

其实对四九城的这个划分和说法历来存在争议，但也算是有的放矢。还有句北京老话儿就是这样描述的："东城布帛菽粟，西城牛马柴炭，南城禽鱼花鸟，北城衣冠盗贼，中城珠玉锦绣。"但是不管怎么说，往日毕竟已成云烟。

102. 被北京人偏爱的茶

本篇和各位聊的是被北京人偏爱的茶。

扫码听音频

北京老话儿说:"南城茶叶北城水。"意思是说,南城的茶好,北城的水好。

用南城的茶叶配合北城的水,才能沏出最好喝的茶。

北京人爱喝茶,尤其爱喝茉莉花儿茶。其实呢,北京人爱喝茶与北京长期以来是我国的政治、文化中心有关。全国各地的人来到北京,全国各地的好茶叶、不同的饮茶方式也被带进了京城,渗透到了民间,渐渐地融合成了京城特有的饮茶习惯。上至达官显贵,下至布衣百姓,三教九流,或品茶或会友,不论贫富几乎都喝茶,区别只是茶叶的品种和档次不同而已。

北京巨大的市场吸引了南方茶叶产地的茶商们,纷纷涌进京城,开设了大大小小近200家茶庄,茶庄经营的茶叶有花茶、龙井茶、碧螺春、普洱、毛尖、铁观音、乌龙茶、坨茶、砖茶及外国茶等等,品种繁多到让人眼花缭乱。到清朝末年,在北京比较出名的茶庄有吴裕泰、张一元、吴肇祥、汪正大、汪元昌、森泰、正兴德等茶庄。而这些茶庄大多数都落脚在汉人多、文人多的外城,也就是北京人口中的南城。直到如今,北京最大的茶叶市场仍然是在南城。南城的茶庄多、茶叶好,但是在从前那个没有自来水的年代,南城一带的井水不好,水质太硬,水烧开后会产生白色的水垢,北京人俗称为水碱。这种水喝起来口感差。用这样的水沏茶,多好的茶叶也会被降低品位。而与南城不同的是北城的井水普遍水质比较好,特别是什刹海周边,德胜门、安定门、鼓楼一带多是甜水井。北城的好水沏南城的好茶,就成了老北京人心目中的天作之合、上等的品位。喝茶成了北京人的一种习惯,成为居家和社会交往中不可或缺的存在。北京曾经有大大小小的茶馆几百家,接待四方茶客。大的足够开个菜市场,小的不过是路边的一张桌子。不在家里喝茶的原因有很多,有喜欢凑热闹的、会朋友的、谈生意说事的、专为品上等好茶的、为寻一时清静的、为了解渴的,更多的是为了消磨时间的。与之相对应,茶馆的经营特色也不尽相同:有唱大鼓、说评书的书茶馆,既卖茶又卖酒的茶酒馆,手艺人聚集等活干的清茶馆,下棋打牌的棋茶馆,郊外幽静清雅的野茶馆,为来往行人服务的路边茶摊,内城还有为旗营人服务的大茶馆。

  如今的北京城,水质普通提高,好茶叶也应有尽有,茶馆一个比一个档次高。北京有风雅的"品茶者",更有世俗的"饮茶人",客来敬茶、以茶会友的风俗,散发着浓浓的情谊和生活气息。如果你到老北京人的家里做客,首先嗅到的,一定是让人沉醉的茉莉花茶那香飘飘的味道。

  很多老北京人,至今还是习惯于早上一起来,就先烧水沏茶,不喝透了都不带出门的。

103. 得天独厚的海淀区

本篇和各位聊的是最得天独厚的海淀区。

扫码听音频

北京老话儿说:"上风上水上海淀。"意思是说,海淀处于上风口,水源的上游,是上好的宝地。

海淀区位于北京的西北方,从古至今都是一个风之上端、水之上游、上风上水的极佳之地。太行山和燕山在附近会合,来自大漠荒原的清风,从这里越过群峰吹向中原,这里有京城最好的水,是城内水系的上游。从金代在北京建都开始,海淀就一直都是皇室贵族、文人雅士、富商权贵建宅造园的首选之地。明代在海淀虽然没有皇家苑囿,但是有众多皇家寺庙和富贵人家的园林,比如明朝时由慈圣皇太后出资修建、万历皇帝赐名的慈寿寺。园林中最著名的是武清侯的私家园林清华园,它占地1 000多亩,集西山和万泉河的山水灵秀于一身,以其宏伟壮阔被称为京师第一名园。后来这里是清代的畅春园,现在的海淀公园。顺便说一下,如今清华大学的那个清华园,是清朝乾隆时的熙春园,是咸丰皇帝把它更名为"清华园"的。清王朝更是利用海淀的秀美山水，集中了中国几千年造园艺术的精华，建起了以"三山五园"为核心的庞大的皇家园林集群。

海淀区历史悠久，名胜古迹众多，到了现代，这里不但成为中国高等学府、科研院所的聚集地，还成立了四季青人民公社，借助优良的水质，成为京城蔬菜、大米等农产品供应基地。

40年前借助改革开放的东风，海淀在很多人还不知道电脑为何物的年代，依托科研院所和高校的人才优势，形成了中关村电子一条街，带动了海淀区乃至于全国电子信息技术的腾飞。经过几十年不断改造升级，当初以经营电脑和配件为主的电子一条街，如今已经成为中关村创业大街，成为覆盖集成电路、人工智能、新材料、生物医药、智能制造等高科技领域专精特新企业的孵化地。海淀中关村成了高科技的代名词，成为中国第一个国家级高新技术产业开发区、第一个国家自主创新示范区、第一个国家级人才特区。众多前沿科技企业和创业服务机构落户在海淀，一大批优秀的高科技人才汇集在中关村。他们瞄准全球未来科技的发展方向，敢为人先，包容失败，勇于创新，力争上游，正努力让一个个梦想变成现实。

上风上水的海淀，不但得到了大自然的眷顾，而且总是能够抓住社会发展的机遇，巧夺天时，不断让自己变得更加美丽、更加富饶。

结尾咱也来个上下句：上风上水上海淀，富国富民富一方。

104. 老北京的老饭庄

本篇和各位聊的是老北京的老饭庄。

扫码听音频

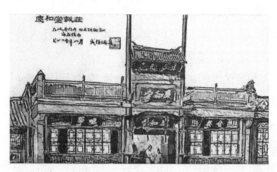

北京老话儿说:"买布八大祥,吃饭八大楼。"意思是说,八大祥的布档次最高,去八大楼吃饭最有面子。

俗话说:"人生一世,吃穿二字。"这八大祥是管穿的,今儿咱们先聊聊老北京城里,专门管吃的八大楼和八大居。

老北京的饭庄,在清朝末年至民国是最兴盛的时期。本来按"大清律"规定,满洲八旗子弟是不允许经商的。但是到了清末,八旗子弟也开始暗中投资餐饮业,雇人为其经营。那时候京城的饭馆多,档次也不同。在字号称谓上,最高等的大多称为堂,所谓"堂",是实力比较雄厚,占地面积大,环境优雅,服务周全,备有舞台和空场,既可以举办大型宴会又可以唱堂会的大饭庄。在那里举办宴会,相当于现如今在五星级酒店办婚礼,很是气派。规模小一点的大多称为楼,基本上是以鲁菜为主。再小一点的就自称为居,大多是各种风味餐馆。楼和居一般都设有雅间,承办宴席,但不办堂会。老北京人所说的八大楼、八大居、八大堂,都是其中的佼佼者。这些名号都不是有组织地评选的,而是靠着北京人口口相传得来的。能进入这个排名,一般要有自家独具特色的拿手菜,要有足够长的年头和传承,菜品的质量和服务能始终如一。比如八大楼排名第一的东兴楼,开业于1902年,到1944年就停业了。而萃华楼是原来东兴楼的两个伙计在1940年创办的,菜品质量有过之而无不及,有"正宗东兴楼"的称号,由于年头少始终也没能进入八大楼的排名。京城曾经有众多有名的老字号,我来给您说说:

八大堂是惠丰堂、聚贤堂、福寿堂、天福堂、会贤堂、福庆堂、庆和堂、同和堂。如今硕果仅存惠丰堂一家。

八大楼是鸿兴楼、正阳楼、新丰楼、安福楼、春华楼和如今还在营业的东兴楼、泰丰楼、致美楼。

八大居是福兴居、万兴居、同兴居、东兴居、万福居、广和居、同和居、砂锅居。如今仅有砂锅居和同和居了。

八大坊说的是便宜坊的四家分号,加上泰合坊、六合坊、均宜坊、明宜坊。现在只有便宜坊一家了。

八大春是八家主营南方各地风味的餐馆,有芳湖春、东亚春、庆林春、淮阳春、新陆春、大陆春、春园、同春园。

清真老字号有"三大轩",即两益轩、同和轩、同益轩。

南宛北季是南城的烤肉宛,北城的烤肉季。一个烤牛肉,一个烤羊肉。

还有四大顺是东来顺、南来顺、西来顺、又一顺。

京城餐饮老字号各具风味,近现代出名的饭庄更是层出不穷,像丰泽园饭庄、晋阳饭庄、西安饭庄、功德林、鸿宾楼、仿膳、北京饭店、莫斯科餐厅等等,更是多得不胜枚举。

105. 公主坟埋葬的公主是谁

本篇和各位聊的是公主坟中埋葬的公主是谁。

扫码听音频

北京老话儿说:"您这冷不丁地一问,还真把我给问住了。"意思是说,您突然提出个问题,我一下想不起答案了。

比如,突然问我北京公主坟中埋葬的公主是谁呀?我只能说,是清朝的公主。叫什么来着?一时想不起来了。不过这会我倒是想起来了,今儿咱们就聊聊这公主坟。

北京复兴门外与三环路相交的地方,有一个地名叫公主坟。现在是地铁站、立交桥,周围商厦林立,是车来人往繁华的闹市区,但是几十年前这里还是冷清的公主坟地。据说,琼瑶就是路过这里获得了灵感,写出了长篇小说《还珠格格》。

问题是清朝皇室的女孩称为格格,这里怎么叫公主坟呢?这里安葬的真是小燕子吗?皇室宗亲为什么葬在这儿呢?

事实是这样的:满族取得政权后在很多方面都沿袭了明朝的旧制,公主就是沿用了明朝的称呼。从1613年开始,清朝皇帝的女儿也称为公主,并且规定皇后所生之女称为固伦公主，嫔妃之女称为和硕公主。"固伦"在满语中是全天下的意思，和硕的意思是一部分天下。因此，虽然她们都是公主，但是品阶不同，固伦公主等同于一等亲王，和硕公主要比固伦公主低一个等级。宗室中有王公等爵位者的女儿称为格格。格格也按父亲的爵位等级分为五等。有时候为了联姻的需要，或者受到皇帝的特别喜爱，也会把妃嫔之女或是宗室之女破例封为固伦公主。比如说嫁给和珅之子的固伦和孝公主，其实就是一位妃嫔的女儿，由于受到乾隆宠爱而被封为固伦公主。

  公主坟里安葬的不是格格，更不是小燕子，而是清朝王室的两位公主：一位是和硕公主，一位是固伦公主。现在通过称呼我们就可以判断出，这是两个同父异母的亲姐妹。一个是妃嫔之女，一个是皇后之女。据记载，她们是嘉庆皇帝的三女儿和四女儿。姐姐是庄敬和硕公主，妹妹是庄静固伦公主。固伦公主嫁给了蒙古族博尔济吉特氏的郡王，和硕公主嫁给了蒙古科尔沁部的郡王。没想到堂堂公主也是红颜薄命，姊妹二人相差两个月，同年去世，姐姐31岁，妹妹刚刚28岁。也是因为姊妹俩前后脚去世，嘉庆皇帝就把她们一起葬在了公主坟。

  她们不葬在皇陵却葬在京城郊外，是因为清朝的祖制规定，公主出嫁死后不能进皇陵，也不能葬在公婆家的墓地，那只好在娘家附近找地方修坟建墓了。

  公主坟的两个墓，都是夫妻合葬墓。曾经建有围墙、仪门、享殿等一整套地面建筑，种植了很多松、柏、国槐、银杏等树木。墓地显得十分幽静典雅。1965年，修建地铁1号线，有关部门对公主墓进行了考古研究，确认了墓主身份。随着岁月的变迁，现在只剩下一座享殿和一个地名了。

106. 北京老地名里的各种市集

扫码听音频

本篇和各位聊的是北京老地名里的各种市集。

北京老话儿说:"三百六十行,行行有门道!"意思是说,各个行业,各有各的生存之道。

北京从周朝分封天下建立蓟城开始,就是一个北方物资流通交换中心,成为都城后更促进了人口的聚集和市场的发展。今儿咱们就聊聊,元、明、清三朝各种市集留下的老地名。

元朝遵循了古代前朝后市的规制，那时候市集在皇宫的北面，借助大运河的便利主要集中在什刹海、鼓楼一带。明朝改变了这种状况，围绕着皇城形成了一个商业圈，最大的市集就设在正阳门里大明门外。到了清朝市场的重心又向南转移到了外城。几百年里北京城内发生的这些变化，让人很难说清楚今儿我们要聊的这些市集的地名，到底起源于哪朝哪代。我们姑且把它们看作是在一个特定的时期，同时存在于京城吧。

北京城如今还存在的带有市集特征的老地名有：花市、草市、钱市、果子市、缸瓦市、铺陈市、骡马市、揽杆市、东晓市、珠宝市、大鹁鸽市、小鹁鸽市、菜市口、灯市口、羊市口、磁器口、蒜市口、闹市口、煤市街、米市街等等。还有被雅化或者改名的，比如鸡鸭市改为集雅士、猪市口改为珠市口、马市街改为美术馆东街、猪市大街改为东四西大街、鸡市口改为吉市口、驴市口改为礼士路、廊房四条改为大栅栏等等。有些地名却早已消失了，比如穷汉市、缎子市、帽子市、珠子市、羊角市、铁器市、面市等等，近些年蒜市口也消失了。

这些市集大多是专门经营某一类商品的市场，往往是批发零售兼营。也有只批发不零售的，比如果子市就是只批发不零售。旧时的北京有"南""北"两个果子市，一个在德胜门，称为北市；一个在前门外，称为南市。冬春以经营干果为主，夏秋时节是最忙碌的，天刚亮，就要忙着收货，在店门外沿街摆放好各种果品，京城所有卖鲜果的，包括固定的水果店、沿街叫卖的小商贩都得到南北两市进货。买水果必须"5斤"以上，个别的品种要百斤以上，少了不卖，还不许自己挑拣，坏的你可以换。鲜果成熟的时候，送货的、收货的、买货的、过秤的、收钱的，个个忙得不亦乐乎，是京城各种市集的缩影。

还有一个与市集关系密切的地名是廊房。前门外有廊房头条至廊房四条，是北京著名的商业区。其实明朝迁都北京后，在皇城的地安门、东安门、西安门外都修建了廊房。廊房是沿街而建，由民房和铺面房组成，通过引民招商的特殊政策，形成了商住两用的商业街。不过清朝之后，仅有处于外城的、以大栅栏为代表的廊房，延续了往日商业街的繁华。其他几处廊房直到清末民初才恢复商业街的气氛，但是它们已经不叫廊房了，而是市场繁荣的东单、西四、鼓楼前了。

107. 宋庆龄故居的从前

扫码听音频

本篇和各位聊的是宋庆龄故居的从前。

北京老话儿说:"老太太的被窝——盖有年矣。"意思是说,一件事或物品,已经发生或者存在很多年了。

北京宋庆龄故居所在地,就是一座存在了很多年的老宅子。人们知道,这里是100多年前的醇亲王府,其实呢,这座宅院200多年前就有了。最早是清朝康熙年间武英殿大学士纳兰明珠的宅邸。他的儿子、著名词人纳兰性德就是在这里呼朋唤友、饮酒填词,留下了享有很高声誉的《纳兰词》。后来纳兰家被籍没家产,再后来乾隆第十一个儿子成亲王永瑆搬到这里,这里才成了亲王府。永瑆还是清朝的书法大家。到光绪皇帝亲政第二年,他把第六代成亲王迁出了亲王府,把王府赐给了父亲醇亲王奕譞,这才更名为醇亲王府。让谁也没想到的是,后来这里又出了个皇帝溥仪,溥仪的亲爹载沣还当上了摄政王,成了大清王朝的实际掌控者,所以准确地说,这里最后的名称应该是摄政王府。有意思的是,1910年汪精卫曾经在王府附近埋炸药,要炸死载沣,没想到仅仅2年后,汪精卫的老师孙中山,又来到了王府做客,成为载沣的座上宾。

皇帝退位后,最早进入摄政王府的是北平私立聋哑学校,1927年他们把王府马号的房屋改成教舍,后来发展成北京第二聋哑学校。1949年,载沣将醇亲王府出售给了北京国立高级工业职业学校,自己挪到花园居住。房屋众多的王府东侧,先是成为学校,之后是卫生部所在地,近些年是国家宗教事务管理局驻地。1963年,西侧的王府花园经过改造,成为宋庆龄的居所。

在长达250多年的历史中,这里从宅邸变成王府,又从摄政王府变成政府机构驻地和名人故居,很多影响中国政坛的风云人物在此居住或做客，经历过数次的兴衰和宦海沉浮，也为今天的我们留下了丰富的文化遗产。比如那些富丽堂皇的古代建筑，比如至今仍然在流传的《纳兰词》，再比如成亲王永瑆独创的，同时用楷书、行楷书、行草书和草书穿插书写的《蜀道难》，每个字都是高水平的书法珍品。

到宋庆龄故居参观，除了要了解宋庆龄先生光辉的一生，还要顺便去看看几样老物件。恩波亭是纳兰性德读书会友的地方，有200多年树龄的西府海棠是京城十大名树之一，辟邪剑石立在中间。箑亭，也叫扇亭，亭子的匾额是光绪皇帝的父亲题写的。宋庆龄命名的凤凰国槐已经有500年的历史，它西面的枝干昂首挺胸，东面的枝干匍匐于地，就像是展翅欲飞的凤凰。接福石、老石榴桩景，成亲王题字的平安石，都是老宅子里的旧物件。还有一件很多人都不注意的老物件，它在宋庆龄故居西侧的胡同里。那是最真实的王府院墙，斑驳的墙体高大又幽长，站在那儿拍照你会有一种隔世穿越的梦境感。

用一句纳兰词来结束本篇的话题吧："惊节序，叹沉浮，秾华如梦水东流。"

108. 曾经让人闻之色变的东厂胡同

本篇和各位聊的是曾经让人闻之色变的东厂胡同。

扫码听音频

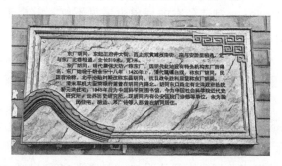

北京老话儿说:"再热闹的戏码,末了儿也得散场。"意思是说,多好看的戏也有演完的时候。

北京东厂胡同位于王府井大街的最北端、中国美术馆的南面,因为这里曾经是明朝震慑朝野的东厂所在地而得名,它与北京故宫有一样长的历史。今儿咱们就聊聊这个东厂。

说到东厂,咱们还得从明朝的厂卫制度说起。明朝建立后,为了加强中央集权,对政府机构进行了大改革,建立了很多新制度,其中就有厂卫制度。最先成立的是由皇帝近身侍卫组成的检校组织,职责是"察听在京官吏不公不法及风闻之事"。由于效果显著,就把负责出行的仪仗护卫队伍,改为由皇帝直接指挥的军事组织锦衣卫。主要职能是侍卫皇帝,同时负责侦查、逮捕、审问有问题的大小官员,只对皇帝负责。明朝初年,朱元璋大肆杀戮共同打天下的文臣武将,锦衣卫在其中发挥了重要作用。由于权力缺乏限制,他们为了邀功而罗织罪名,用酷刑凌辱、虐待囚犯是常用的手段。后来为平息众怒,一度取消了审问职能,前三任指挥使也以各种罪名被杀头。

明成祖朱棣登基之后，恢复和加强了锦衣卫的权力，但是对这么一股强悍的力量，皇帝也不放心，迁都北京以后，为了对锦衣卫进行监督和约束，很快在现在的东厂胡同，建立了一个由身边宦官统领的侦缉机构"东缉事厂"，简称东厂，明朝的厂卫制度正式形成。历任东厂的提督都是由皇宫中排位前三的大太监担任。锦衣卫处理的都是牵扯朝廷官员的大案，东厂的职能是"缉访谋逆、妖言、大奸恶等"，不论官民，包括锦衣卫在内都在东厂的监管之下。监视结果直接奏报给皇帝，对于他们认为有罪的人，或者移交给锦衣卫，或者自己处置。现在还可以在东厂胡同南侧，依稀能辨认出当年东厂实施酷刑的诏狱遗址。作为皇帝的鹰犬，他们维护了皇权，同时贪赃枉法、制造冤案的现象也屡见不鲜。以至于上至官员、将领，下至平民百姓，在厂卫组织的威慑下无不小心翼翼、噤若寒蝉。

1476 年，宪宗皇帝觉得锦衣卫和东厂越来越不可靠，又增设权力超过东厂的"西缉事厂"，简称西厂。西厂的办事风格更加狠辣，闹得朝野上下人心惶惶。东厂与西厂还争权夺利，互相拆台。1506 年，正德皇帝又设立了权力更大的内厂。但是仅仅 5 年后，由于内厂打着皇上的旗号作威作福、瞒上欺下、乱施刑罚，又与西厂一同被裁撤。而东厂和锦衣卫这两个担负特殊使命的组织，可以说是从明初一直陪伴 16 位皇帝，走完了大明朝 276 年的历程。传说，他们在王朝的最后时刻，是受崇祯皇帝指令，保护皇族余脉逃出北京城。

尽管东厂的威名早已经退出了历史舞台，但东厂胡同的名字却沿用到现在，转而成了名人旧居以及科学文化机构的聚集地。

109. 人民英雄纪念碑背后的故事

扫码听音频

本篇和各位聊的是人民英雄纪念碑背后的故事。

北京老话儿说:"这一绷子几年就出去了。"意思是说,一件事用了很长时间才完成。

人民英雄纪念碑是天安门广场上的第一座现代建筑。从 1949 年 9 月 30 日奠基,到 1958 年 5 月 1 日建成,用了 8 年 7 个月。今儿我们就来聊聊关于纪念碑的一些往事。

首先是纪念碑的选址。有人提议建在东单广场,有人主张建在八宝山。最后决定就建在天安门广场,建在北京的中轴线上。毛主席在奠基仪式上宣读了亲自起草的碑文。在 100 多字的碑文中,没有个人和团体,而是突出了纪念人民英雄的主题。

为了做好纪念碑的设计方案,各专业的翘楚组成了专家组,又用了 2 年时间,向全社会征集设计方案 240 多件。最终确定,以梁思成、林徽因的设计方案为主,参考其他方案。碑的形状突破了中国古碑历来扁平的传统造型,开创性地采用了四方体。碑身在三分之一处略有收缩,使纪念碑显得更加挺拔、高耸。争议最大的碑顶造型，最终选择了中国传统建筑中的庑殿顶。碑的朝向也一改"坐北朝南"的老传统，独具一格，"坐南朝北"，并且完美地融进天安门广场庄重的环境之中。

  方案选定后，最关键的是要找到纪念碑正面的"碑心石"。经过反复考察比较，青岛浮山一块重达300吨的花岗石，因为质地、色泽最好而被选中。经过几个月艰难的开采，又经过对荒料进行几次粗加工，300吨的石料变成102吨，于1953年10月运到北京，经过再次精细加工，才终于得到了我们现在看到的，镌刻着毛主席题写的"人民英雄永垂不朽"8个大字，长14.7米、宽2.9米、厚1米、重60.23吨的碑心石；又用北京房山的汉白玉制作了以"虎门销烟""金田起义""武昌起义""五四运动""五卅运动""南昌起义""抗日游击战争""胜利渡长江"为主题的8幅巨大的浮雕。背面碑心由7块石材构成，镌刻着周总理用小楷字体书写的碑文。建设者们用自己的才华，怀着对人民英雄的崇高敬意，使用17 000块花岗石和汉白玉，建起了一座高达37.94米，精美绝伦、气势恢宏、庄严肃穆、充满民族特色又具有时代特征的纪念碑。这是我国有史以来最大的一座纪念碑，是对人民英雄的深切缅怀，也是中华民族不屈不挠精神的象征，是对英雄先烈的纪念，更是对后来人的激励。最后让我们一起，再次领略那浓缩着历史、跃动着中华民族之魂的碑文吧：

  三年以来，在人民解放战争和人民革命中牺牲的人民英雄们永垂不朽！三十年以来，在人民解放战争和人民革命中牺牲的人民英雄们永垂不朽！由此上溯到一千八百四十年，从那时起，为了反对内外敌人，争取民族独立和人民自由幸福，在历次斗争中牺牲的人民英雄们永垂不朽！

110. 京城的四大名校之说

扫码听音频

本篇和各位聊的是京城的四大名校之说。

北京老话儿说:"有些事啊,你想不认头也不行。"意思是说,对一些事,你不得不承认它的存在。比如这京城的四大名校之说,不管你承认不承认,都是一直存在的。

北京的高校多,自然也就有了名次的排列。北京四大名校的说法,最早产生于民国时期。那时候北京有各类大学13所,被广泛认可的四大名校是北京大学、清华大学、燕京大学和辅仁大学。当时这4所高校在国内外都赫赫有名,虽然学生人数不是很多,却培养了很多大师、巨匠等优秀的人才。

历史最悠久的是北京大学,创建于1898年,当时叫京师大学堂,是北京也是中国近代第一所国立综合性大学。

清华大学的前身,是1911年用美国退还的"庚子赔款"开办的留美预备学校,由于以皇家园林清华园为校址,因此,校名确定为"清华学堂"。1928年更名为"国立清华大学"。

燕京大学是1919年由美国、英国办的4所教会学校所组成。

辅仁大学是罗马教廷1913年开办的教会学校。早期的名称是辅仁社、北京公教大学,1927年改名为辅仁大学。

中华人民共和国成立后,为了加快培养国家建设急需的专业人才,1952年对高校院系进行调整,燕京大学和辅仁大学的院系拆分并入了北京大学、清华大学、北京师范大学、中国人民大学、中国政法大学、中央财经大学等院校。北京大学迁入燕京大学的校址,辅仁大学校址归属于北京师范大学。又从各个高校拆分重组,成立了今天的中国人民大学、中国农业大学、中国医学科学院(北京协和医学院)、中国政法大学、中国传媒大学、中国地质大学、中国石油大学、中国矿业大学、北京大学医学部、北京航空航天大学、北京理工大学、北京钢铁工业学院、北京交通大学、北京邮电大学、北京化工大学、北京林业大学、华北电力大学、北京水利水电学校等等，众多专业性极强的高等院校。

  北京的大学多了，新四大名校也随之产生，分别是北京大学、清华大学、中国人民大学、北京师范大学。北京人的说法是北清人师。这4所高校底蕴深厚、实力强大，四大名校的地位保持了几十年。另外，早些年还有京城四大隐形名校的说法，说的是北京协和医学院、外交学院、中国青年政治学院、国际关系学院4所在人们心中有特殊地位的高校。

  北京还流传着北京大学、清华大学、北京联合大学、北京城市学院四大名校的说法。北京联合大学出名，是因为它是由二三十个大学分校组建而成，校址不集中，分散在各个地方。而北京城市学院出名是由于当年没有宿舍，是唯一的一所走读大学。后来有了宿舍，又不在校区，很多学生就跑步上学，被北京人调侃为"海跑儿"。

  这些就是北京高校四大名校的几种说法。

111. 才学孕育出的荒唐建议

扫码听音频

本篇和各位聊的是才学孕育出的荒唐建议。

北京老话儿说:"别觉得自己有学问就老耍鸡贼。"意思是说,借自己的学识,撺掇旁人去干荒唐的事。

今儿咱们聊聊不靠谱的专家。在人们的认知中专家都是高人,是受人尊敬的社会精英,但是也时不时地会有精英、高人提出能把人雷到怀疑人生的馊主意。

这样的事在过往的北京就没少发生过,其中最著名、后果最惨重的一个馊主意,就是明英宗朱祁镇轻信大太监王振的谋划,带着 20 万大军御驾亲征瓦剌,还让从没打过仗的王振当总指挥。结果 20 万军队、上百名文臣武将,在王振的一连串瞎指挥下损失大半。大明朝的英宗皇帝被掳走,愤怒的将领在乱军中把王振杀了,演绎出了历史上著名的"土木堡之变"。

最坑人的馊主意是出给清王朝大将军奕山的。1840 年,鸦片战争爆发,清军勇敢迎战但迅速惨败。道光帝将林则徐罢免,起用了投降派代表琦善。英军一看大清朝软弱可欺,更加猖狂。朝廷中的主战派趁机请战,道光皇帝又罢免了琦善,从京城派大将军奕山上前线。奕山到了广州才发现,英军的洋枪洋炮火力凶猛,这仗还真不好打。正在大将军发愁的坎节儿上,一个叫杨芳的下属出了个主意,说这狗血、猪血可以克制洋鬼子和他们的洋枪洋炮。杨芳说得言之凿凿,奕山虽然将信将疑还是决定试试。于是杨芳带人到民间挨家挨户搜集猪狗和马桶,把狗血、猪血装进马桶里,只要敌人来了就往上泼。面对洋枪洋炮,这个馊主意带给清军的惨痛结局可想而知。

明朝末年,还有人提出过一个又馊又荒唐的建议,当时山海关外的清军内犯,李自成、张献忠的起义军攻城略地势如破竹,大明朝内忧外患四处告急，不得不扩充军队，奈何连年征战兵源不足。就在君臣们在朝廷上干着急的时候，被认为学识渊博，又熟知用兵之道的兵部主事沈迅，给崇祯皇帝出了一个主意，他说让天下僧人配尼姑，编入里甲，结婚生子后，三丁抽一，可得兵数十万。皇帝听后，认为这主意好，还给沈迅升了官，让他全权负责推行。不知道是不是苍天也觉得太荒唐，僧人配尼姑的计划还没来得及落实，李自成就打进了北京城。

其实敢于在大庭广众之下提出荒唐建议的专家，不只是中国有，外国也有。曾经率领千军万马在第二次世界大战中立下不朽功勋的英国杰出的军事家蒙哥马利元帅，也提出过一个被英国人斥为荒谬的主意。他建议英国武装部队的人应当一律是单身汉，如果英国军人都是单身汉，政府就不必再负担军人家属的生活费用了，可以减少大量军费。这引起了英国民众的愤怒。蒙哥马利不得不站出来辩解说："我希望英国的女人们不要骂我，因为这一切都是为国家着想的。"以国家的名义出馊主意，那把百姓利益放在哪儿了呢？

112. 京城的老王府

扫码听音频

本篇和各位聊的是京城的老王府。

北京老话儿说:"恭王府的房子豫王府的墙,肃王府的银子得用斗量。"这说的是这三个王府最突出特点。

元明清三代在北京都有不少王府,可元代和明代的王府虽然有记载,但已无迹可寻了。连最厉害的明朝永乐大帝朱棣曾经的燕王府,都不知道在哪了。明代的藩王分封在全国各地,未经宣召不得入京。而清朝则不但规定藩王必须住在京城,未经允许不得离京,而且实行满汉分居,王府也只能建在内城,造成了京城现存的王府多,并且都是清朝王府的现象。

那现在北京还能见到多少座王府呢?这么说吧,如果你有兴趣也有时间,如今你还能在北京的胡同里找到至少30座王府的遗迹。今儿咱们先来聊聊,其中最有特点的几大王府。

这恭王府在北京什刹海的西南角,除了极其奢华,最大的特点就是房间多,其中府邸最深处那一栋东西长达156米的两层后罩楼,就有房间108间,俗称为"99间半",这在所有王府中绝对是独一份。也有礼王府房子多的说法,那是因为礼王府的规格高、面积更大。

肃亲王府的原址就在如今正义路的原北京市政府。肃王府的银子多,来自一个传说,当年肃王府每年都要晒银子,收工的时候,王爷便会问管家"银子少没少"。听管家说没少,就吩咐继续晒。就这么问了几天,晒了几天,管家才领悟了王爷的意思,带着几个心腹手下一人撮了一簸箕银子送回家,然后禀报:"王爷,银子少了。"王爷这才嘱咐:"那就收起来吧。"

豫王府位于北京东城区帅府园,现在是协和医院所在地。它的特点是,皇上特批他家的院墙比别的王府高3尺。

清朝的规制，亲王府用绿瓦，雍亲王府是唯一的一座黄瓦红墙的王府。因为这里出了雍正和乾隆两位皇帝。为此，后来雍亲王府才改为雍和宫，成了喇嘛寺。

唯一被迁建的王府，是位于太平桥大街的顺承郡王府，因为要修建政协礼堂，被挪到朝阳公园建了一个顺承郡王府。

在北京昌平有一个地名叫平西府，这里有清朝唯一的一座不在内城的王府，这个王爷是被康熙废掉的太子平西王胤礽。

清朝的王府分为亲王府、郡王府、贝勒府、贝子府4个等级。如今能找到的王府还有：宁郡王府、涛贝勒府、庆亲王府、醇亲王南府和北府、旧称怡亲王府的孚王府、淳亲王府、睿亲王旧府和新府、郑王府、廉亲王府、和亲王府、克勤郡王府、僧王府、诚亲王府、那王府、大公主府、和敬公主府、洵贝勒府、霱公府、绵德府，以及仅剩一座亭子的谟贝子府。

简单了解了北京还能找到的王府，其实每座王府都有不一样的兴衰史，以后有机会，咱们再挨个聊聊它们的故事和传说。

113. 在京城拉洋车的王爷

扫码听音频

本篇和各位聊的是在京城拉洋车的王爷。

北京老话儿说:"拉洋车,好买卖,大爷拉着大奶奶。"这是北京童谣,悠闲,还有点情调。其实呐,这拉洋车真不是什么好买卖,为了生活风里来雨里去,不论酷暑还是寒冬都得咬着牙干。今儿咱们就来聊聊那位曾经养尊处优,最后又拉着洋车奔跑在京城大街小巷挣生活的王爷和他的王爷府。

这位王爷叫爱新觉罗·晏森,宣统元年,也就是1909年,他刚刚14岁,就继承了祖上世袭罔替的爵位,成了第十七代克勤郡王。小小年纪,

就享受王爷待遇，领着丰厚的俸禄，过上了养尊处优的生活。然而好景不长，刚过了2年，大清朝就灭亡了。虽然还发点生活费，但哪够花钱如流水的晏森王爷挑费。眼见吃喝都成问题了，晏森只得解散大部分仆人，开始算计着像其他王爷一样变卖祖业。别的王爷都是一点一点卖，晏森王爷嫌麻烦，1913年他把整个王府连同家具、古玩、字画等一次性打包出售，卖给了刚上任的民国国务总理熊希龄。

这个坐落在宣武门外原来的石驸马大街，现在的新文化街53号的克勤郡王府，它的来头可是不简单，第一代克勤郡王是努尔哈赤的孙子岳托，是清王朝的开国元勋，凭借战功获得了世袭罔替的永久封爵，是清初八大"铁帽子王"之一。顺治皇帝进北京后，第二代克勤郡王奉旨修建了这座富丽堂皇的王府，没想到传了十六代就这么给卖了。

可是这一大笔钱也架不住王爷吃喝嫖赌地造，没几年，吃饭又成问题了。晏森王爷左想右想，打起了位于门头沟冯村的那片祖坟的主意。这次王爷没嫌麻烦，他围着墓地查看，盘算着先卖什么后卖什么。他发现园寝里树最多，于是先卖树，上万株松柏等古树逐渐被砍伐殆尽。接着卖石人、石马、石构件，连代表家族荣耀的驮龙碑，也被他卖给了少帅张学良。

就这样富贵200多年的克勤王族资产，被卖了个干净。又坚持了几年，坐吃山空的晏森生活越来越窘迫，穷途末路的晏森一狠心，悄悄地找了个车行，隐姓埋名在京城拉起了洋车。他把车子收拾得干干净净，一边拉车一边聊天讲故事，生意还挺好。1931年，有人认出了这位王爷，"铁帽子王"在大街上拉洋车的消息上了报纸，京城人还给他起了个绰号"车王"。在伪满洲国的溥仪也知道了这个消息，觉得晏森是在给爱新觉罗家丢脸，派人把他接到满洲准备给安排个差事。不知道是不是不愿意和日本人共事，总之晏森拒绝了伪满洲国的高官厚禄，带着溥仪给的一笔钱回了北京，据说后来他隐居在一个小四合院里，从此消踪匿迹，恐怕没多少人知道他的结局。还有一件没有多少人知道的事，这座王府的第六代王爷还是曹雪芹的姑父。

十七代王爷晏森把祖产卖了，却为我们留下了一个保存比较完整的清朝初年的王府建筑。现在这里是北京第二实验小学，一个小学校有如此丰富的历史积淀也真是够令人羡慕了。

114. 北京的几块飞地

扫码听音频

本篇中咱们来聊聊北京的几块飞地。

北京老话儿说："您倒好，吃凉不管酸的，家里有什么都不知道。"意思是说，光管吃，什么事都不操心。

聊到飞地的事，不论你平时是不是懒得操心，其实很多人都不知道，北京在其他省市还有几块飞地。什么是飞地呢？简单地说，飞地就是属于自己管辖的地盘，却在别人的辖区内。

比如离北京最远的飞地，距离北京有1 060公里，位于黑龙江齐齐哈尔市甘南县，名称是北京市双河农场。面积比丰台区还大，常住人口有1万多人。某一年北京招公务员，一次就为这个农场招录了50人。双河农场地处松嫩平原，这里冬天寒冷，条件也相对艰苦，但是这里的土质肥沃，水源丰富，适于大豆、小麦、水稻、玉米等这些农作物生长，尤其适合机械化生产。

这个双河农场建于1956年，最初是双河劳动教养所，隶属于北京市政府劳动教育管理局，分为劳教所和农场两个部分，专门接收来自北京的劳教人员，负有劳动改造和生产的双重任务。后来又承担了对吸毒人员强制隔离戒毒的工作。现在这里的管理人员和警务人员都隶属于北京市教育矫治局。2012年开始，拥有40多万亩耕地的农场，交给了北京首农食品集团负责经营管理，这里还新建了北京黑猪养殖基地。经过几代人的艰苦努力，现在这里已经从一片荒野，变成了鱼米之乡。

还有一块类似的飞地，位于天津市宁河区境内，一片30多万亩的盐碱荒滩。这里是成立于1949年的清河农场。早期关押的是一些国民党旧政权的犯人，后来开始关押各种犯人，农场隶属于北京市监狱管理局，北京人习惯叫它茶淀农场。这里的路标是北京市交管局的，连交警都是北京的。

如今清河农场虽然已经建起了未来科技城，但依然是北京市的一块飞地。

更少有人知的是，还有两个条件非常艰苦的农场，曾经也是北京的飞地。一个是吉林白城子劳改农场，一个是中俄边界的兴凯湖劳改农场，到这些地方来的，大多数是历次政治运动中被认定的革命对象：地主、富农和反革命分子、坏分子、右派分子，简称"地富反坏右"，也叫"黑五类"。后来这两个农场关闭，划归当地管辖。

另外，位于河北省唐山的迁安矿区，也是北京的一块飞地。这里有一大批由首钢迁来的职工和家属，他们是北京户籍。矿区的学校、医院、派出所、法院、街道社区等机构，都归北京市管理，学生们单独设考场参加北京市的高考。生活在河北省的迁安矿区，感觉就像是生活在北京。

还有官厅水库，它的大部分土地属于河北省，但是全部水域范围却归北京市管理。有人认为它也是北京的一块飞地。

说起来北京辖区内也有飞地。这块飞地就是首都机场，机场位于顺义区，却属于朝阳区管理。怎么样，有没有意外的感觉？

115. 川岛芳子和一座王爷府

扫码听音频

本篇中咱们来聊聊川岛芳子和一座王爷府。

北京老话儿说:"你这是想起哪出了,怎么又开始倒窖了。"意思是说,想起什么事了,又让你重新提起了旧事。

因为今儿想起了东四的那些老胡同,不由得就想聊聊川岛芳子和那儿的一座王爷府。东四位于北京内城中部,元代叫十字街。明代在十字街的四个路口,各建了一座牌楼。因为位居皇城之东,地名就叫东四牌楼,俗称东四。东四北口的东侧有 14 条东西向的胡同,人们就把这 14 条胡同从南到北给排了序号,命名为东四头条至东四十四条。这 14 条胡同居住过历代不少名人和达官显贵,每一条胡同都是有故事的。与川岛芳子和那座王爷府有关联的，就是其中的九条和十四条。

　　1945年日本投降后，臭名昭著的日本女间谍川岛芳子没逃回日本，却带着几个随从返回了北京，住在东四九条的一座四合院里，1947年她正是在这个宅子里被抓捕的。据说当时的川岛芳子已经芳华不再，显出一副老态，像一个中年大婶，手臂上还有不少注射吗啡留下的针孔。川岛芳子被关进了炮局监狱，经过2年多的审判，于1948年3月25日被枪毙。

　　现在很多人都不知道的是，从东四九条往北数第五个胡同，就是川岛芳子的出生地。那里是东四十四条，早年间叫船板胡同。在靠近胡同西口的地方，有一个高墙大院的宅子，是末代肃亲王善耆的新王府。为什么说是新王府呢？因为八国联军进北京后，肃亲王的老王府被日本人强占，变成了日本大使馆。堂堂的王爷无家可归，只好把十四条的一座旧宅子拾掇拾掇，将就着当了王府。肃亲王善耆是清朝"八大铁帽子王"之一豪格的后代，是川岛芳子的亲爹，纯正的大清朝皇族一脉。

　　川岛芳子怎么变成了日本人呢？因为她的父亲善耆，不甘心清王朝的覆灭，想借助日本人的力量恢复清王朝，于是他把自己的第十四个女儿、6岁的爱新觉罗·显玗，送给了曾经一起策划"满蒙独立"的日本人川岛浪速为养女，更名为川岛芳子，然后送往日本接受军国主义教育和间谍训练。川岛芳子17岁那年被养父强暴后，决心改变女性身份，她剪短发，穿男装，参加骑马、击剑、射击等男性运动。回到中国后，取了个汉名叫金碧辉，开始了间谍生涯。为了帮助日本侵略中国，她亲自导演了震惊中外的上海"一·二八"事变。为了成就伪满洲国，她策划并成功地把被溥仪严密监控的皇后婉容，从天津转移到了东北。她参与了皇姑屯事件、"九一八"事变等行动，先后担任伪满洲国和华北日伪武装力量的总司令，对中国犯下了滔天罪行。

　　如今的东四九条还保留着一些四合院，但是没人能说清楚川岛芳子住的是哪个院子。十四条的王爷府，因为王爷去了伪满洲国，后来几经转手，中华人民共和国成立后成为北京袜厂。如今如果不仔细辨认，都找不到王府的遗迹了。